सदियों का सारांश

(ग़ज़ल-संग्रह)

सदियों का सारांश

द्विजेन्द्र 'द्विज'

भारतीय ज्ञानपीठ

वाणी प्रकाशन : भारतीय ज्ञानपीठ की पुस्तकों
के एकमात्र प्रकाशक एवं वितरक

पहला संस्करण : 2021
दूसरा संस्करण : 2023

लोकोदय ग्रन्थमाला : ग्रन्थांक 1485

प्रकाशक

वाणी प्रकाशन ग्रुप
4695, 21-ए, दरियागंज, नयी दिल्ली-110 002
फ़ोन : 011-23273167, 23275710
ईमेल : sales@vaniprakashan.in

ISBN : 978-93-5775-026-4

सदियों का सारांश
(ग़ज़ल-संग्रह)
द्विजेन्द्र 'द्विज'

SADIYON KA SARANSH
(Ghazal Collection)
by Dwijendra 'Dwij'

मुद्रक : आर. टेक ऑफ़सेट प्रिंटर्स, दिल्ली-110 032

Price : INR. 295

पूज्य पिता

स्वर्गीय मनोहर शर्मा 'साग़र' पालमपुरी जी

की

पावन स्मृति

को

सादर समर्पित

अनुक्रम

हज़ारों सदियों का सारांश कुछ कथाएँ हैं
और इन कथाओं का सारांश प्रार्थनाएँ हैं

ख़ुद भले ही झेली हो त्रासदी पहाड़ों ने

ख़ुद भले ही झेली हो त्रासदी पहाड़ों ने
बस्तियों को दी लेकिन हर ख़ुशी पहाड़ों ने

ख़ुद तो जी अज़ल[1] ही से तिश्नगी[2] पहाड़ों ने
सागरों को दी लेकिन हर नदी पहाड़ों ने

आदमी को बख़्शी है ज़िन्दगी पहाड़ों ने
आदमी से पाई है बेबसी पहाड़ों ने

मौसमों से टकरा कर हर क़दम पे दी यारो!
जीने के इरादों को पुख़्तगी[3] पहाड़ों ने

देख हौसला इनका और शक्ति सहने की!
टूट कर उचट कर भी उ.फ़ न की पहाड़ों ने

विष स्वयं पिए सारे नील कंठ शैली में
पर हवा को बख़्शी है ताज़गी पहाड़ों ने

बादलों के आवारा कारवाँ के गर्जन को
बारिशों-सी बख़्शी है नग़मगी[4] पहाड़ों ने

त्याग और तपस्या से, योगियों की भाषा में
ज़िन्दगी की बदली है वर्तनी पहाड़ों ने

सबको देते आए हैं नेमतें[5] अज़ल से ये
'द्विज' को भी सिखाई है शायरी पहाड़ों ने

---

1. अनादिकाल 2. प्यास, 3. दृढ़ता, 4 लय, 5. उपहार

छलनी क़दम-क़दम पे है सीना पहाड़ का

छलनी क़दम-क़दम पे है सीना पहाड़ का
दूभर किया है किसने ये जीना पहाड़ का

चमके है दूर से जो नगीना पहाड़ का
बनता है देखते ही क़रीना पहाड़ का

जिस तरह चढ़ रहे हैं वो ज़ीना पहाड़ का
लगता है बैठ जाएगा सीना पहाड़ का

भाता अगर है आपको जीना पहाड़ का
लेकर कहाँ से आएँगे सीना पहाड़ का

घाटी की प्यास और ये मीना[1] पहाड़ का
महँगा पड़े न जाम ये पीना पहाड़ का

जो देखना है तुझको भी जीना पहाड़ का
सर्दी में आ के काट महीना पहाड़ का

ये ग़ार-ग़ार[2] सीना ये रिसता हुआ वजूद
दामन किया है किसने ये झीना पहाड़ का

---

1. सुराही, 2. ज़ख़्म-ज़ख़्म

सबको पता है अब नये बनिए की आँख में
चुभता है किस क़दर ये दफ़ीना[1] पहाड़ का

इमदाद हो कोई कि इशारा वतन का हो
आता है काम ख़ून-पसीना पहाड़ का

साज़िश कुछ इस तरह हुई यारो पहाड़ से
सड़कों से आ के सट गया सीना पहाड़ का

जो चाहते हैं आप भी जीना पहाड़ पर
मत भूलिएगा आप क़रीना[2] पहाड़ का

1. ज़मीन में गड़ा हुआ खज़ाना, 2. तौर-तरीक़ा, शिष्टता

हज़ारों सदियों का सारांश कुछ कथाएँ हैं

हज़ारों सदियों का सारांश कुछ कथाएँ हैं
और इन कथाओं का सारांश प्रार्थनाएँ हैं

इसीलिए यहाँ ऊबी सब आस्थाएँ हैं
पलों की बातें हैं पहरों की भूमिकाएँ हैं

यही है हाल तो किस काम की है आज़ादी
दिलों में डर हैं, हवाओं में वर्जनाएँ हैं

दिखें हैं ख़ून के छींटे बरसती बूँदों में
ख़याल ज़ख़्मी हैं घायल जो कल्पनाएँ हैं

जहाँ से लौट के आने का रास्ता ही नहीं
गुमां की राह में ऐसी कई गुफ़ाएँ हैं

बस आसमान सुने तो सुने इन्हें यारो
पहाड़ की भी पहाड़ों-सी ही व्यथाएँ हैं

हसीन ख़्वाब मरेंगे नहीं, यक़ीं जानो
अभी जवान उमंगों की तूलिकाएँ हैं

कोई कहे, कभी धरती पे भी बरस जाएँ
गगन पे किस लिए ये साँवली घटाएँ हैं

क़लम से रोज़ नयी आग उगलते अश'आर

क़लम से रोज़ नयी आग उगलते अश'आर
कहाँ से लाये हैं 'द्विज' आप जुरअत-ए-इज़हार[1]

पलट के आई कहाँ से ये दिलफ़रेब पुकार
दिलो-दिमाग़ में बरबस ही बज उठे हैं सितार

ख़बर ये देते हैं झरनों-से फूटते अश'आर
किसी की बाँदी नहीं है ये जुरअत-ए-इज़हार[1]

फ़लक को लूटने की ज़िद लिए हवा पे सवार
ये लोग कौन हैं मौला! इन्हें ज़मीं पे उतार

कोई किसी को नहीं जानता सिवा अपने
हर एक शख़्स पे तारी है अब ख़ुदी का ख़ुमार

बिसात[2] आपकी भी ठीक उसी के जैसी है
ये तंज़ किस लिए क्या है बिसात-ए-मुश्त-ए-ग़ुबार[3]

बजा है आइनों में सूरतें सँवरती हैं
मगर वो कौन है लाया जो आइनों पे निखार

---

1. अभिव्यक्ति का साहस, 2. सामर्थ्य, 3. मुट्ठी भर धूल,

तमाम हसरतें सोई रहें सुकून के साथ
चलो कि दिल को बना लें अब एक ऐसा मज़ार

अब इससे बढ़ के है तौहीन-ए-पासबानी[1] क्या
किसे ख़बर थी कि डोली ही लूट लेंगे कहार

चमक- दमक में न बीनाई[2] बरक़रार रही
कुछ एक लोग ख़िज़ां को भी कह रहे हैं बहार

ख़यालों-ख़्वाबों में कुछ फूल भी जवां हैं 'द्विज'
नहीं तो होती कहाँ शाइरी में यह महकार

---

1. निगरानी का अपमान, 2. दृष्टि

हर किसी का अपना कोई है अभी तक गाँव में

हर किसी का अपना कोई है अभी तक गाँव में
आवभगती, मेज़बानी है अभी तक गाँव में

मन में इक बूढ़ी-सी चाभी है जो कहती है मुझे
तेरे बचपन की पिटारी है अभी तक गाँव में

पंछियों के दल वही हैं, बाँसुरी की धुन वही
शाम पहले-सी सुहानी है अभी तक गाँव में

उसका साया है पिता-सा, अब पिता जी तो नहीं
घर का इक खण्डर निशानी है अभी तक गाँव में

और सब अपने पराये शह्र में अब आ बसे
एक बस दादी हठीली है अभी तक गाँव में

शह्र में चर्चे हैं तेरे रौब-रुतबे के मगर
तेरे छुटपन की कहानी है अभी तक गाँव में

तन-बदन बेशक सुखा डाला ग़मों की आग ने
हाँ मगर आँखों में पानी है अभी तक गाँव में

शह्र में दो जून रोटी के लिए बिक जाएगा!
आ चलें ज़रख़ेज़[1] माटी है अभी तक गाँव में

बेतहाशा भागने की ज़िद में जो तुझको मिले
ऐसे छालों की दवाई है अभी तक गाँव में

जो ख़यालों को मेरे हर दम तर-ओ-ताज़ा रखे
वो महकती रात-रानी है अभी तक गाँव में

अस्मिता पर देश की आने न देंगे आँच ये
बाँकुरे मस्तों की टोली है अभी तक गाँव में

बोलते, सुनते, समझते हैं जिसे अब तक भी लोग
ढाई आखर प्रेम-बानी है अभी तक गाँव में

1. उपजाऊ

जाने है अज़्म-ए-सफ़र और निखरने वाला

जाने है अज़्म-ए-सफ़र[1] और निखरने वाला
सख़्त मौसम से मैं हरगिज़ नहीं डरने वाला

चारागर तुझसे नहीं मुझको तवक़्क़ो[2] कोई
दर्द ख़ुद होगा दवा हद से गुज़रने वाला

पार करने हैं उसे अब भी सवालों के भँवर
अटकलें छोड़ गया डूब के मरने वाला

मैं उड़ानों का तरफ़दार उसे कैसे कहूँ
बाल-ओ-पर है जो परिन्दों के कतरने वाला

आँधियो! मेरे लिए कोई परेशानी नहीं
एक पत्ता ही तो हूँ सूख के झरने वाला

अपनी नज़रों से गिरा है तो उठेगा कैसे
साथ क्या देगा तेरा ख़ुद से मुकरने वाला

नाख़ुदा! तुझको मुबारक़ हो सफ़ीना तेरा
ये कहाँ डूब के है पार उतरने वाला

आईने! गर्द है तुझसे न उतरने वाली
घुट के रह जायेगा हर अक्स उभरने वाला

यह सफ़र वो तो नहीं जिसको कोई याद रखे
कोई मंज़र तो हो आँखों में ठहरने वाला

---

1. यात्रा का प्रण, 2. अपेक्षा

मैं उस दरख़्त का अन्तिम वो ज़र्द पत्ता था

मैं उस दरख़्त का अन्तिम वो ज़र्द पत्ता था
जिसे हमेशा हवा के ख़िलाफ़ लड़ना था

मशीन बन तो चुका हूँ मगर नहीं भूला
कि मेरे जिस्म में दिल भी कभी धड़कता था

किसी के ख़्वाब में गुम हो गया है वो बच्चा
हसीन ख़्वाबों की जो तितलियाँ पकड़ता था

थके थे फिर भी परिंदे न पेड़ पर आए
बहेलिया वहाँ पिंजरे को टाँग आया था

न ख़ुद दिखा न दिखाया हमें कोई पहलू
हवा में हमने जो सिक्का कभी उछाला था

मेरा वजूद भी शामिल था उस की मिट्टी में
मेरा भी खेत की फ़स्लों में इतना हिस्सा था

न जाने कितनी सुरंगें निकल गईं उस से
खड़ा पहाड़ भी तो आँख का ही धोखा था

जो बात बात पे खाता रहा ख़ुदा की क़सम
क़सम ख़ुदा की वो शातिर ही सबसे झूठा था

पता करो कि अभी वो बचा भी है कि नहीं
बड़े दरख़्त के नीचे जो नन्हा पौधा था

उस एक शे'र पे आँखें चमक उठीं उस की
वो शे'र जिस में कि रोटी का ज़िक्र आया था

हमारी आँखों को 'द्विज' थी तलाश पानी की
जहां ये रेत का कोई चमकता दरिया था

आँख थी सय्याद की जब बेज़ुबां पर

आँख थी सय्याद की जब बेज़ुबां पर
तीर अन्धे हो गये आकर कमां पर

बज़्म के आदाब आड़े आ गए सब
बात सच्चाई की जब आई ज़ुबां पर

सर्द आँगन की उसे परवाह क्या है?
धूप का दिल आ गया है सायबां पर

चलते चलते लोग पत्थर हो गए थे
और बरसे फूल मीरे कारवां पर

फिर वही होगा हमेशा जो हुआ है
फिर मुसीबत आएगी इक बेज़ुबां पर

चंद छींटे डाल कर चल दी घटाएँ
आँधियों के तल्ख़ अंदाज़-ए-बयां पर

इस तरह चल कर तो ठोकर खाओगे 'द्विज'!
ख़ुद ज़मीं पर और आँखें आसमां पर!

ये कौन छोड़ गया इस पे ख़ामियाँ अपनी

ये कौन छोड़ गया इस पे ख़ामियाँ अपनी
मुझे दिखाता है आईना झुर्रियाँ अपनी

बदलते वक़्त की रफ़्तार थामते हैं हुज़ूर
बदलते रहते हैं अक्सर वो टोपियाँ अपनी

ज़लील होते हैं कितने उन्हें हिसाब नहीं
अभी तो गिन रहे हैं वो दिहाड़ियाँ अपनी

नहीं लिहाफ़ ग़िलाफ़ों की कौन बात करे
मज़े में फिर भी गुज़रती हैं सर्दियाँ अपनी

रुकी-रुकी-सी क़तारों से ऊब कर अक्सर
मैं फाड़ देता हूँ बरबस ही अर्ज़ियाँ अपनी

वो बात करते तो हैं पुर-ख़ुलूस लहजे में
मगर छुपा नहीं पाते हैं तल्ख़ियाँ अपनी

भले दिनों में कभी ये भी काम आएँगी
ज़रा सँभाल के रखिये उदासियाँ अपनी

कभी तो धुंध की नींदों में कोई आयेगा
कभी तो धूप में जागेंगी बस्तियाँ अपनी

बुलन्द हौसलों की इक मिसाल ये भी हैं
पहाड़ रोज़ दिखाते हैं चोटियाँ अपनी

मेरे लिये मेरी ग़ज़लें हैं कैनवस की तरह
उकेरता हूँ मैं जिन पर उदासियाँ अपनी

पुकारती है तुझे धूप 'द्विज'! पहाड़ों की
जवाब में तू ज़रा खोल खिड़कियाँ अपनी

पंख कतर कर जादूगर जब चिड़िया को तड़पाता है

पंख कतर कर जादूगर जब चिड़िया को तड़पाता है
नील गगन की आँख का सपना, सपना ही रह जाता है

जब सन्नाटों का कोलाहल सीमा से बढ़ जाता है
तब कोई दीवाना शाइर ग़ज़लें बुन कर लाता है

'जयद्रथ', 'शकुनि', 'दुर्योधन' हैं, अनुपस्थित हैं 'कृष्ण' मगर
ऐसे में गाँडीव उठाते 'अर्जुन' भी घबराता है

दावानल में नए दौर के पंछी ने यह सोच लिया
अब जलते पेड़ों की शाख़ों से अपना क्या नाता है

प्रश्न युगों से अनुत्तरित है हँसती-गाती धरती पर
सन्नाटे के शमशानों को आख़िर कौन जगाता है

'द्विज' वो कोमल पंख शिथिल हैं डर कर बाज़ के साये से
जिन पंखों से आस का पंछी सपनों को सहलाता है।

ज़ह्न-ओ-दिल में ये कोई डर नहीं रहने देता

ज़ह्न-ओ-दिल में ये कोई डर नहीं रहने देता
शोर अन्दर का हमें घर नहीं रहने देता

कोई ख़ुद्दार बचा ले तो बचा ले वरना
पेट काँधों पे कोई सर नहीं रहने देता

आसमां तो वो दिखाता है परिंदों को नये
हाँ, मगर उनपे कोई पर नहीं रहने देता

ख़ुश्क आँखों में उमड़ आता है बादल बन कर
दर्द एहसास को बंजर नहीं रहने देता

एक पोरस भी तो रहता है हमारे अन्दर
जो सिकन्दर को सिकन्दर नहीं रहने देता

उनमें इक रेत के दरिया-सा ठहर जाता है
ख़ौफ़ आँखों में समुन्दर नहीं रहने देता

हादिसों का ये धुँधलका मेरी आँखों में 'द्विज'
ख़ूबसूरत कोई मंज़र नहीं रहने देता

लौट कर आए हैं अपनी मान्यताओं के ख़िलाफ़

लौट कर आए हैं अपनी मान्यताओं के ख़िलाफ़
जो गवाही को गये थे कुछ ख़ुदाओं के ख़िलाफ़

जो हमेशा हैं दुआओं-प्रार्थनाओं के ख़िलाफ़
है नहीं अपना ख़ुदा भी उन ख़ुदाओं के ख़िलाफ़

मौसमों ने पर कतरने का किया है इन्तज़ाम
और परिंदे उड़ रहे हैं वर्जनाओं के ख़िलाफ़

आदमी व्यवहार में आदिम ही दिखता है अभी
यूँ तो है दुनिया सभी आदिम-प्रथाओं के ख़िलाफ़

ताज़गी, ख़ुशबू, इबादत, मुस्कुराहट, रौशनी
किस लिए हैं आज मेरी कल्पनाओं के ख़िलाफ़

रात-दिन जिनकी ज़ुबाँ पर रोटियों की है गुहार
बोल पाएँगे कहाँ वो यातनाओं के ख़िलाफ़

ज़हर, अंगारे, सलीबें, सींखचे, संत्रास सब,
किन युगों में ये नहीं थे आस्थाओं के ख़िलाफ़

भूख, बेकारी, ग़रीबी, ख़ौफ़, मज़हब का जुनूं
माँगिए दिल से दुआ इन बद्दुआओं के ख़िलाफ़

कट रहा है जो किसी होटल में छोटू की तरह
ऐसे बचपन की सनद लो योजनाओं के ख़िलाफ़

तजरिबे कर के ही होती है बुरा मत मानिए
हर नई पीढ़ी पुरानी धारणाओं के ख़िलाफ़

हर ग़ज़ल, कविता, रुबाई, गीत का मन एक है
हो नहीं सकती विधाएँ ही विधाओं के ख़िलाफ़

क्या तअज्जुब है जो ज़हरीला समर लगता है

क्या तअज्जुब[1] है जो ज़हरीला समर लगता है
जिस भी मिट्टी में सियासत का शजर लगता है

आस का पंछी ही बस नूर-ए-नज़र लगता है
डूबते शख़्स को तिनका भी शजर लगता है

जा तेरा तर्के-तअल्लुक़[2] न कभी नींद से हो
ख़्वाब बुनने का मुझे तुझ में हुनर लगता है

अपने किरदार की ख़ुशबू से कभी साबित कर
यूँ तो हर शख़्स गुलाबों का शजर लगता है

ख़ुद को इस हाल में रखना भी कोई खेल नहीं
मेरे काँधों से जो ऊँचा मेरा सर लगता है

ख़ौफ़ के शहर में ख़ुशियों की झलक चेहरे पर
दोस्तो! आपका पत्थर का जिगर लगता है

बाहमी[3] फ़र्ज़ है हम सब का हिफ़ाज़त उसकी
अम्न की शाख़ पे जब-जब भी समर[4] लगता है

---

1. हैरानी, 2. संबंध विच्छेद, 3. परस्पर, 4. फल

किसी को ठौर-ठिकानों में पस्त रखता है

किसी को ठौर-ठिकानों में पस्त रखता है
हमें वो पाँवों के छालों में मस्त रखता है

हमारे गाँव के सूरज को अस्त रखता है
इसी जुगत से हमें अस्त-व्यस्त रखता है

हर एक मुक़ाम पे बेतरह पस्त रखता है
मगर वो फिर भी हमें आश्वस्त रखता है

हमारे रक्त से जलते हैं सब दीये उसके
वो अपने रास्तों को यूँ प्रशस्त रखता है

किसी भी खेल में उसकी ही जीत है पक्की
अवाम के लिए वो बस शिकस्त रखता है

कटे हैं हाथ मगर, उस से भी बढ़ के हैं हम
जो अपने साथ कई सिद्धहस्त रखता है

दवाएँ ढूँढ़ के लाता है वो नई लेकिन
तमाम दुनिया को रोगों से ग्रस्त रखता है

वो जानता है इसे जिसने भी खँगाला है

वो जानता है इसे जिसने भी खँगाला है
ये ज़िन्दगी का समुन्दर बहुत निराला है

हमारे हक़ में बयान, आपका! ख़ुदा रक्खे!
हुज़ूर! दाल में कुछ तो ज़रूर काला है

दिखाई देता नहीं हाथ, हाथ को अब तो
कोई बताए ये किस काम का उजाला है?

कोई बचा ही नहीं उसकी भूख से अब तक
वजूद सबका किसी वक़्त का निवाला है

ग़रीब और ग़रीबी की है ख़बर ही नहीं
अमीर-ए- शह्र का अख़बार ही निराला है

तुम्हारे शह्र की सड़कों के इन अँधेरों ने
न जाने कितने चराग़ों को मार डाला है

तुम्हारा शोर उसे ख़ुद से क्या निकालेगा
जिसे गुफ़ाओं की ख़ामोशियों ने पाला है

अँधेरे रास्तों की फ़िक्र ही नहीं उनको
जुनून वालों के आगे तो बस उजाला है

समाहित कर ले तू इनमें अगर किरदार का जादू

समाहित कर ले तू इनमें अगर किरदार का जादू
तो फिर सर चढ़ के बोलेगा तेरे अशआर का जादू

कभी सोचा नहीं था इस तरह नींदें उड़ायेगा
हक़ीक़त का मेरे ख़्वाबों से हर इक़रार का जादू

मैं तेरे ध्यान के फूलों को अपने दिल में रखता हूँ
मेरी हस्ती में शामिल है तेरी महकार का जादू

उजड़ते गाँव के जैसी है बेहिस[1] ज़हनियत[2] सबकी
न अब है वार का जादू न वो त्योहार का जादू

अभी हर बात में उनकी तू हाँ में हाँ मिलाता है
परख के देख तू अपने किसी इनकार का जादू

मैं दुनिया में कई रंगों, कई बानों में फिरता हूँ
मुझे कब रोक पाया है किसी इसरार का जादू

किसानों पर ये लाठी भाँज कर फ़स्लें उगाएगी
अभी देखा नहीं तुमने मेरी सरकार का जादू

---

1. चेतना शून्य, 2. मानसिकता

किसी की भी नहीं सुनती वो अपनी पर जब आती है
हुकूमत पर भी चलता है मगर ज़रदार[1] का जादू

वो घर को बेच कर अपने ख़रीदारी पे निकले हैं
चला है जिन पे तेरे पुरकशिश[2] बाज़ार का जादू

सवाल अक्सर करेगी यह तेरी बेचेहरगी तुझसे
ये तेरे सर का है या है तेरी दस्तार[3] का जादू

1. धनवान, 2. आकर्षक, 3. पगड़ी

जिन रास्तों पे कोई मेरा हमसफ़र न था

जिन रास्तों पे कोई मेरा हमसफ़र न था
उन पर कभी कहीं भी मुझे कोई डर न था

वक़्त-ए-सहर में दोस्तो! नूर-ए-सहर नहीं
पहले कभी ये हादिसा पेशे-नज़र न था

ले दे बस जूनून-ए-सफ़र था हमारे साथ
रख़्त-ए-सफ़र[1] के नाम पे रख़्त-ए-सफ़र न था

हम जुस्तजू में उसकी तमाशा बने मगर
दीदावरों की भीड़ में वो दीदावर[2] न था

दस्त-ए-करम पे सदक़े तुम्हारे ऐ चारागर!
गहरा तो इस क़दर मेरा ज़ख़्म-ए-जिगर न था

मुश्किल में जान आ गई जब आईना हुए
पहले ये पत्थरों का नगर पुरख़तर न था

---

1. सफ़र का सामान 2. देखने वाला

बाहर से हम भी ख़ुद को पुकारा किये मगर
अन्दर हमारे नाम का कोई बशर न था

क्यों फिर वहीं उमीद की कोंपल दिखायी दी
सहरा की रेत में जहाँ कोई शजर न था

लाये थे हम जो सात समुन्दर खँगाल कर
उस दिल-गुहर[3] का कोई यहाँ दीदावर न था

---

3. मोती

मेरे किरदार पे छाई रही मिट्टी मेरी

मेरे किरदार पे छाई रही मिट्‌टी मेरी
चाक पर धूम मचाती रही मिट्‌टी मेरी

कितने सपनों के उजाले थे मेरे कण-कण में
आग में तप के सुनहरी रही मिट्‌टी मेरी

इसकी ख़ुशबू से हर इक रास्ता उपवन-सा लगा
फूल बन-बन के महकती रही मिट्‌टी मेरी

मेरे होने का सबब मुझको ही मालूम न था
ग़ैर के बुत में धड़कती रही मिट्‌टी मेरी

ऐसी होती है तमन्ना के सराबों की चमक
दश्त-ओ-सहरा में भटकती रही मिट्‌टी मेरी

Üô [illegible] ×Ï [illegible] · Þè â [illegible][1] बनकर
मेरे पैरों में थिरकती रही मिट्‌टी मेरी

कुछ तो बाक़ी था मेरी मिट्टी से रिश्ता मेरा
मेरी मिट्‌टी को तरसती रही मिट्‌टी मेरी

---

1. तुल्य, समकक्ष

दूर परदेस के सहरा के अँधेरों में भी
कहकशां[1] बन के चमकती रही मिट्टी मेरी

सिर्फ़ रोज़ी के लिये दूर वतन से अपने
दर-ब-दर साथ भटकती रही मिट्टी मेरी

मैं जहाँ भी था कभी साथ न छोड़ा उसने
ज़ह्न में ऐसे महकती रही मिट्टी मेरी

---

1. आकाशगंगा

ये भले लोग तो दस्तार सँभाले हुए हैं

ये भले लोग तो दस्तार सँभाले हुए हैं
सर मगर काँधों पे ख़ुद्दार सँभाले हुए हैं

रू-ब-रू हमसे हमेशा रहा है हर मौसम
हम पहाड़ों का भी किरदार सँभाले हुए हैं

ख़िदमत-ए-लौह[1]-ओ-क़लम ने हमें बख़्शी है ज़िया[2]
हम जो यह ताक़त-ए-गुफ़्तार[3] सँभाले हुए हैं

अपनी आवाज़ भी सुन ले तू हमारे अन्दर
ख़ुद में हम तेरा भी किरदार सँभाले हुए हैं

कुछ हमारी भी शराफ़त को ग़नीमत[4] कहिए
आप अपनी जो ये दस्तार सँभाले हुए हैं

आपके हाथ में ख़ंजर भी नहीं, हम फिर भी
आदतन आपका हर वार सँभाले हुए हैं

वो जो मजनूं है तो सहरा में मिलेगा यारो!
दर-ओ-दीवार समझदार सँभाले हुए हैं

एक भी कोस तो चल पाए न 'द्विज' नौ दिन में
और दावा ये कि रफ़्तार सँभाले हुए हैं!

---

1. तख़्ती, 2. प्रकाश, 3. बातचीत का सामर्थ्य, 4. संतोष की बात

फ़ाइलों से निकल न पाये हम

फ़ाइलों से निकल न पाये हम
ख़ुद को दफ़्तर में छोड़ आये हम

फ़स्ल बन कर तो लहलहाये हम
आ के मंडी में छटपटाये हम

ख़ून रिसता है हाथ से तो क्या
देखो पत्थर निचोड़ लाये हम

ख़ून सबका है एक, भूल गये
और फिर ख़ून में नहाये हम

मुख्यधारा की बात करते हो!
हाशियों पर भी आ न पाये हम

उनके खेतों में हो गए मिट्टी
क़र्ज़ लेकिन चुका न पाये हम

दिल-नज़र में ये रौशनी क्यूँ है
पूछ मत कैसे जगमगाये हम

इक ज़ख़ीरा हैं अज़्म-ओ-हिम्मत का
ग़म से लुटते नहीं लुटाये हम

'द्विज'! पहाड़ों की चोटियों के साथ
बर्फ़ और धूप में नहाये हम

आईना हूँ तेरा मैं कोई फ़ासला न रख

आईना हूँ तेरा मैं कोई फ़ासला न रख
अपना बना के रख तू मुझे आशना न रख

माना कि तेरे नाम फ़लक कर दिया मगर
यह कब कहा ज़मीं से कोई वास्ता न रख

सूरत से अपनी इतनी मुहब्बत है जो तुझे
तो इसके सामने तू कभी आइना न रख

ऐसा सिला न दे मुझे मेरे यक़ीन का
यूँ तो भँवर में मुझको मेरे नाख़ुदा न रख

हर आदमी बुरा लगे अपने सिवा तुझे
इतना भी तंग ज़ह्न का तू दायरा न रख

लज़्ज़त मिलेगी उनको तेरे दर्द में ज़रूर
होंठों पे अपने 'द्विज' तू मगर क़हक़हा न रख

ख़ुश दिलों के रंग-ओ-बू की तर्जुमानी और है

ख़ुश दिलों के रंग-ओ-बू की तर्जुमानी[1] और है
ग़म के सहरा में सुख़न की बाग़बानी और है

सामने सबके ये रूहानी कहानी और है
हाँ, पस-ए-पर्दा तेरी फ़ितरत पुरानी और है

ये ग़मों के लाव-लश्कर फ़त्ह कर सकते नहीं
दिल में इक महफ़ूज़ दिल की राजधानी और है

कैफ़ियत भी ख़ूब है, तर्ज़-ए-रवानी भी है ख़ूब
हाँ, मगर इन आँसुओं की तर्जुमानी और है

आपका चेह्रा नहीं है ज़ह्न-ओ-दिल का आइना
है ज़ुबां पर कुछ मगर असली कहानी और है

रब्त[2] और आहंग[3] हैं गुम ज़िन्दगी के शे'र से
मिसरा-ए-ऊला अलग, मिसरा-ए-सानी और है

देखता कोई नहीं, ये सोचता है तू मगर
सब के ऊपर एक चश्म-ए-आसमानी और है

---

1. व्याख्या, भीतर का दर्द, 2. सम्बन्ध, 3. गान, धुन

हर किसी से पेश तू आती नहीं है इस तरह
ज़िन्दगी क्यों हमसे तेरी बदगुमानी और है

कल, न रोने और रोने में, न शायद फ़र्क़ हो
और रो ले जब तलक आँखों में पानी और है

ढूँढ़ते हैं जिस्म पर क्यों ,आप ज़ख़्मों के निशां
जो मुझे दे दर्द वो दर्द-ए-निहानी[1] और है

और कुछ ख़ामी नहीं है 'द्विज' तेरे अश'आर में
बस, ये लोहा ढालने की ज़िद पुरानी और है

---

1. अन्दर का दर्द

सुख़न में ताज़गी तेरे, न फ़लसफ़े रौशन

सुख़न में ताज़गी तेरे, न फ़लसफ़े रौशन
सपाट बात से कैसे हों ज़ाविये[1] रौशन

चमक-दमक में तू बीनाई बख़्शना मौला
हर एक गाम पे मिलते हैं आइने रौशन

इन्हें भी कब का अँधेरा निगल चुका होता
हमारे अज़्म ने रक्खे हैं हौसले रौशन

नमी सँभाल के रक्खी है दिल की परतों में
इसी से आँखों में रहते हैं क़हक़हे रौशन

सियाहकारों को अक्सर बहुत अखरते हैं
चराग़ रखते हैं जो अपने ज़ह्न के रौशन

ग़मों के अक्स भी जिसमें सवाब[2] पाते हैं
वो चेह्रा देखिये करता है आइने रौशन

करिश्मा है ये इरादों की आग का वरना
किसे मिले हैं अँधेरे में रास्ते रौशन?

फिर आज धूप टहलती दिखी पहाड़ों पर
फिर आज दीप उमीदों के हो गये रौशन

कुछ एक लोगों के कहने पे ऐतबार न कर
चराग़ वो है ज़माना जिसे कहे रौशन

---

1. दृष्टिकोण, 2. पुण्य

पेश आयेगा हर मोड़ पे घमसान का रन भी

पेश आयेगा हर मोड़ पे घमसान का रन भी
जीना है तो चल बाँध के तू सर पे कफ़न भी

है अज़्म-ए-सफ़र हमसफ़र इस बात पे क़ायम
सहरा है जो इस राह में तो सर्व-ओ-समन[1] भी

इक आँख से रोना है और इक आँख से हँसना
जीने को ज़रूरी है ज़माने में ये फ़न भी

ग़ुर्बत[2] में मेरे साथ है इक यादों की डिबिया
जिसमें है सलामत अभी ख़ुश्बू-ए-वतन भी

झरने पे चटानों का कोई ज़ोर नहीं है
तोड़े हैं जुनूं वालों ने ही दार-ओ-रसन[3] भी

हर पल जो तेरे लम्स की चाहत में जला हूँ
कर जाये मुझे राख न अपनी ये अगन भी

एहसास-ए-सुख़न ख़ुद को बचा कर रखे वरना
अश'आर में घुल जायेगी दफ़्तर की घुटन भी

कुछ देर डरायेगा पहाड़ों का कुहासा
फिर इस में नज़र आयेगी सूरज की किरन भी

---

1. सरू और चमेली, 2. परदेस, 3. फाँसी और रस्सी

क़ाफ़िले जो किसी रहबर ने सँभाले होंगे

क़ाफ़िले जो किसी रहबर ने सँभाले होंगे
ये ज़रूरी नहीं वो मंज़िलों वाले होंगे

अज़्म की शम्अ जो साथ अपने लिये चलते हैं
उनकी राहों में उजाले ही उजाले होंगे

अन्नदाता ही जहाँ ख़ुदकुशी करने लग जाये
सबके हाथों में वहाँ कैसे निवाले होंगे

अपने मेहमान को भर पेट खिलाकर खाना
उसने अपने लिए पत्थर ही उबाले होंगे

सोज़[1] खो जाएगा अल्फ़ाज़ की गर्दिश[2] में कहीं
प्यार के नाम रिसाले ही रिसाले होंगे

सच ही कहता था मेरा दोस्त कि तू गाँव न जा
अब वो मंज़र वहाँ होंगे, न हवाले होंगे

होश में तो था कठिन चार क़दम भी चलना
बदहवासी ने मेरे पाँव सँभाले होंगे

शाम है सर्द चलो चल के उन्हें भी सुन लें
शे'र कुछ धूप-से फिर 'द्विज' ने निकाले होंगे

---

1. वेदना, 2. भ्रमण, चक्कर

जुरअत करे, कहे तो कोई आसमान से

जुरअत[1] करे, कहे तो कोई आसमान से
पंछी कहाँ गए जो न लौटे उड़ान से

'सद्भाव' के चमन पे गिरायेंगे बिजलियाँ
लेंगे ये काम भी वो मगर संविधान से

पागल क़रार दे दिया इस बात पे उन्हें
आँखों को जो दिखा वही बोले ज़ुबान से

दंगाइयों की भीड़ थी, घेरा था मौत का
जाता कहाँ वो बच के भी जलते मकान से

'धृतराष्ट्र' को पसंद के 'संजय' भी मिल गए
आँखों से देख कर भी जो मुकरे ज़ुबान से

घायल हुआ वहाँ जो, वो अपना ही था तेरा
छूटा था बन के तीर तू किसकी कमान से

बोले जो हम सभा में तो वो सकपका गया
'द्विज' की नज़र में हम थे सदा बे-ज़ुबान-से

---

1. साहस

वे ढिंढोरा पीटते हैं, उनसे उजियारे हुए

वे ढिंढोरा पीटते हैं, उनसे उजियारे हुए
चुप मगर क्यों हैं अँधेरों के सभी मारे हुए

त्रासदी यह है हमारी अस्मिता के मंत्र भी
आपके होंठों पर आकर खोखले नारे हुए

आप अंगारों की फ़ितरत को बदल सकते नहीं
सिर्फ़ इतना सोचिए क्यों फूल अंगारे हुए

आजकल अपने घरों में भी नहीं महफ़ूज़ हम
जाने क्यों दुश्मन दर-ओ-दीवार चौबारे हुए

सीख लेते हैं सलीबों पर लटकना ख़ुद-ब-ख़ुद
हों जहाँ भी लोग इतने ख़ौफ़ के मारे हुए

ज़िन्दगी जीना सिखाते हैं हमें जांबाज़ वो
हार कर भी जो नहीं होते हैं मन हारे हुए

इनके सुर और ताल में आया तग़ज़्ज़ुल[1] का मज़ा
हाथ में ले कर क़लम जब लफ़्ज़ बंजारे हुए

---

1. ग़ज़ल का रंग

मन में संचित विष के सागर से निकल कर बात कर

मन में संचित विष के सागर से निकल कर बात कर
डस न ले तेरी ज़ुबां कुछ तो सँभल कर बात कर

कुछ तो तहज़ीब-ओ-तमद्दुन में भी ढल कर बात कर
जोश में रख होश प्यारे! मत उछल कर बात कर

अपनी तन्हाई की जकड़न से निकल कर बात कर
ज़िंदगी के काँधों पे चढ़ कर मचल कर बात कर

ख़ामुशी की बर्फ़ में अहसास को जमने न दे
गुफ़्तगू की धूप में आकर पिघलकर बात कर

बंद कमरों में कहाँ ताज़ा हवा की लज़्ज़तें
खिड़कियों को खोल या बाहर निकलकर बात कर

मत जला ख़ुद को, न औरों को भरम की आग में
मत ग़लतफ़हमी में पारे-सा उबल कर बात कर

बात मीठी तल्ख़ लहजे में भी सुन ली जाएगी
बात कड़वी हो तो फिर लहजा बदल कर बात कर

इसमें गूँगे-बहरे सन्नाटे हैं और कुछ भी नहीं
आ अना के इस जज़ीरे से निकलकर बात कर

उसका दावा है लगेंगे ख़ार फूलों की तरह
'द्विज' की सुन, और प्यार के रस्ते पे चल कर बात कर।

ये माना आईने से सामना अच्छा नहीं लगता

ये माना आईने से सामना अच्छा नहीं लगता
किसे खिड़की से बाहर देखना अच्छा नहीं लगता

कहीं अब भी वो अन्दर से हमें आवाज़ देता है
मगर क्यूँ अपने अन्दर लौटना अच्छा नहीं लगता

इन्हीं हाथों से तुम दिन में अँधेरे घेर लाते हो
इन्हीं हाथों से मनके फेरना अच्छा नहीं लगता

बुलंदी भी इसी ने जब अता की है तुम्हें फिर क्यों
इसी ज़ीने को मुड़ कर देखना अच्छा नहीं लगता

हक़ीक़त ही ज़मीं पर खींच लाती है हमें वरना
किसे ऊँची हवा में तैरना अच्छा नहीं लगता

तुम्हारे ही चमन का इक परिंदा मैं भी हूँ यारो!
तुम्हें क्यों यह मेरा पर तोलना अच्छा नहीं लगता

बहुत मक़बूल[1] हैं जम्हूरियत[2] पर उनकी तक़रीरें[3]
मगर उनको किसी का बोलना अच्छा नहीं लगता

चलो मिल कर उजालों के लिए दीपक जलाते हैं
अँधेरे में अकेले बैठना अच्छा नहीं लगता

चमकते हैं कड़ी मेहनत से चेहरे धूप में जिनके
उन्हें धुँधला सियासी आइना अच्छा नहीं लगता

---

1. मान्य और सर्वप्रिय, 2. लोकतन्त्र, 3. भाषण

बशर वो जिसकी आँखों में कोई सपना नहीं रहता

बशर वो जिसकी आँखों में कोई सपना नहीं रहता
बज़ाहिर साँस लेता है मगर ज़िन्दा नहीं रहता

ज़रा सी ठेस लगने पर भी जो दरिया बहाती थीं
अब उन आँखों में पानी क्या, कोई क़तरा नहीं रहता

वहीं क्या ढूँढ़ती हैं, जानकर भी, ये मेरी आँखें
कि उस खिड़की में अब वो चाँद का टुकड़ा नहीं रहता

मचलता ही नहीं कोई खिलौना देखकर यारो!
तो क्या बच्चों के अन्दर अब कोई बच्चा नहीं रहता?

यक़ीं जानो ग़म-ए-जानां ही इक ऐसी नियामत है
अता हो जिसको उस दिल में ग़म-ए-दुनिया नहीं रहता

रखे हैं फ़ासिले मैंने ज़माने के ख़ुदाओं से
जो उनके दर पे झुकता तो ये सर ऊँचा नहीं रहता

मैं ऐसे आइने सारे बज़िद अब तोड़ देता हूँ
कि जिनमें अपने चेहरे के सिवा चेहरा नहीं रहता

बुलंदी दर हक़ीक़त वक़्त की मोहताज होती है
बहुत ऊँचा, हमेशा तो बहुत ऊँचा नहीं रहता

बहुत वाजिब शिकायत है ये दुनियादार लोगों की
जो हो जाता है दुनिया का वो फिर अपना नहीं रहता

इसी उम्मीद से बस लौ लगाए बैठी है दुनिया
हमेशा के लिए आकाश में कोहरा नहीं रहता

कहाँ रहते सितारों से ये तेरे शे'र 'द्विज' रौशन
ख़यालों में अगर इक चाँद-सा चेहरा नहीं रहता।

रहे महफ़ूज़ चश्म-ए-बद से यूँ उसकी हिफ़ाज़त हो

रहे महफ़ूज़ चश्म-ए-बद से यूँ उसकी हिफ़ाज़त हो
दयार-ए-यार मेरे यार से भी ख़ूबसूरत हो

सियासत जब तिजारत हो, तिजारत जब सियासत हो
तो ऐसे हाल में कैसे उसूलों की हिफ़ाज़त हो

शिफ़ाख़ाने में तेरे ऐ हकीम! इतनी तो राहत हो
न कम हो दर्द लेकिन दर्द सहने की इजाज़त हो

ज़ुबां पर तो मुहब्बत हो मगर दिल अदावत हो
बर आए क्यों दुआ कोई वहाँ कैसे इबादत हो

मआनी ख़ुदकुशी कर लेते हैं इंसाफ़ के सारे
जहाँ गूँगी वकालत हो जहाँ बहरी अदालत हो

धुलें कैसे चमकते दाग़ दामन से गुनाहों के
न आँखों से अगर बहता हुआ अश्क-ए-नदामत[1] हो

मुहाफ़िज़[2] आज भी है वो जो तहज़ीब-ओ-तमद्दुन की
बहुत लाज़िम है उस बूढ़ी हवेली की हिफ़ाज़त हो

---

1. पश्चाताप का आँसू, 2. रक्षक

मैं हैरां हूँ तुम्हें है फ़िक्र अपने रौब रुतबे की!
मआनी क्या वहाँ दस्तार के जब सर ग़नीमत हो

ज़मीं को छोड़ दे, जाये, रहे वो चाँद तारों पर
न हो एहसास जिसमें बस ज़हानत[1] ही ज़हानत हो

कहाँ हो, ढूँढ़ते क्या हो, 'द्विज' इस दुनिया के मेले में
कभी ख़ुद से मिलो आकर, झमेलों से जो फ़ुर्सत हो

1. बुद्धिमत्ता

दिल में जो कुछ निहाल था, क्या था

दिल में जो कुछ निहाल था, क्या था
और जो पायमाल था, क्या था

बच निकालना मुहाल था, क्या था
ख़ुदफ़रेबी का जाल था, क्या था

वो जो था आबशार[1] आँखों में
आँसुओं का उबाल था, क्या था

तेरा ग़म था कि था सितम तेरा
जिस पे रोना मुहाल था, क्या था

सुब्ह! कुछ याद तो दिला मुझको
रात का जो सवाल था, क्या था

देख के जिसको दिल न सँभला फिर
धड़कनों का धमाल था, क्या था

उम्र भर हम जहाँ भटकते रहे
तेरी ज़ुल्फ़ों का जाल था, क्या था

महफ़िलें जिसके दम से रौशन थीं
नूर था या जमाल था, क्या था

दौर-ए-मुश्किल में था वो तेरा मुरीद
'द्विज'-सा तुझ में.कमाल था, क्या था

---

1. झरना

भरे पड़े हैं मगर बेज़ुबां हैं सब के सब

भरे पड़े हैं मगर बेज़ुबां हैं सब के सब
बस एक अनकही सी दास्तां हैं सब के सब

न वापसी है जहाँ से वहाँ का ख़ौफ़ नहीं
ज़मीं पे रह के ज़मीं पर कहाँ हैं सब के सब

सियासी ख़्वाबों-ख़यालों में कोई भेद नहीं
अब एक-दूसरे के राज़दां हैं सब के सब

बुझे दिलों पे अँधेरे मलाल करते हैं
ये कैसे नूर का तर्ज़-बयां हैं सब के सब

सुई के गिरने की आहट से काँप उठते हैं
गिरफ़्त-ए-ख़ौफ़ में ख़ाली मकां हैं सब के सब

अनोखे रंग दिखाएगी बंदगी इक दिन

अनोखे रंग दिखाएगी बंदगी इक दिन
बुतों के चेहरों पे आ जाएगी ख़ुशी इक दिन

बपा है चारों तरफ़ शोर जैसे महशर का
ये लील जाए न दुनिया की नग़मगी इक दिन

वो आई है तो चमन मुँह बना के बैठा है
गई बहार को रोएगी हर कली इक दिन

ग़मों की आँच में यूँ ही अगर झुलसती रही
ये शाख़ ज़ख़्म की हो जाएगी हरी इक दिन

ये आसमान अक़ीदत पे मेरी झुक जाए
तू ये भी रंग दिखा मेरी बन्दगी इक दिन

बहुत क़रीब था लेकिन ये किस ने सोचा था
मिलेगा बन के वही शख़्स अजनबी इक दिन

इसी अँधेरे से फूटी हैं अपनी आँखें तो
इसी अँधेरे से फूटेगी रोशनी इक दिन

हम एक दिन में तो इसको मिटा नहीं सकते
मगर मिटा के रहेंगे ये तीरगी इक दिन

सुलगते मौसमों में रुत सुहानी याद आएगी

सुलगते मौसमों में रुत सुहानी याद आएगी
नई दुनिया में वो दुनिया पुरानी याद आएगी

हवा का जोश, मौजों की रवानी याद आएगी
तुम्हें जब हम जियालों की कहानी याद आएगी

छुपी रहने दो सूखी पंखुड़ी को दिल के पन्नों में
इसे देखोगे तो भूली जवानी याद आएगी

इसी से मिलती-जुलती है ख़याल-ए-यार की ख़ुशबू
कहीं भी हम रहें ये रातरानी याद आएगी

जो सर चढ़ कर कभी बोला किसी के प्यार का जादू
तो पतझड़ में भी ख़ुश्बू ज़ाफ़रानी याद आएगी

करिश्मासाज़ होगी जब कभी दिल में बसी सूरत
उसी सूरत से सूरत आसमानी याद आएगी

जिसे लश्कर भी ख़ुशियों के कभी सर कर नहीं पाये
ग़मों की उम्र भर वो राजधानी याद आएगी

मुझे रह–रह के तन्हाई के सन्नाटे के जंगल में
तुम्हारे साथ बीती ज़िन्दगानी याद आएगी

बदलती है दुपट्टे ज़िन्दगी! कितने ही तू लेकिन
हमें अक्सर तेरी चुनरी वो धानी याद आएगी

ज़ुबां हालात जब सिल दें तो ऐसे में बुज़ुर्गों की
बयां से लाख बेहतर बेज़ुबानी, याद आएगी

उनके दामन में सब सवाब आये

उनके दामन में सब सवाब आये
मेरी झोली में क्यों अज़ाब आये

शोले आँखों में थे सवालों पर
इस तरह उनके सब जवाब आये

दिल-परिंदे को नोंच खाने को
ख़्वाहिशों के कई उक़ाब आये

दर-ओ-दीवार काँप उठते हैं
हम-सा जब ख़ानुमा-ख़राब आये

हाय लम्हा वो तेरे जाने का
ज़िन्दगी में कई अज़ाब आये

तीरगी में रहा वो तीरा-नसीब
यूँ तो कितने ही आफ़ताब आये

ऐसे आते हो तुम ख़यालों में
जैसे बजता हुआ रबाब आये

बख़्श दे बज़्म के चराग़ों को
उससे कह दो न बेनक़ाब आये

एक लम्हे को उसको देखा था
उम्र भर फिर उसी के ख़्वाब आये

नींद से तो थी दुश्मनी 'द्विज' की
कैसे आँखों में ऐसे ख़्वाब आये

वो नज़र में नज़ारा नहीं है

वो नज़र में नज़ारा नहीं है
और कोई भी शिकवा नहीं है

बात कहता तो है अपनी लेकिन
उसमें सुनने का जज़्बा नहीं है

सच बयां तुम करोगे भला क्या
बस सुना तुमने देखा नहीं है

ज़िन्दगी है सफ़र धूप का ही
इसमें साया भी साया नहीं है

शे'र कहता हूँ वरना समुन्दर
कूज़े में यूँ सिमटता नहीं है

नाख़ुदाओं की है मेह्रबानी
कश्तियों को किनारा नहीं है

हमने देखी-भाली धूप

हमने देखी-भाली धूप
उजली-पीली-काली धूप

उनको भर-भर थाली धूप
हमको प्याली-प्याली धूप

अपना हर पत्ता सीला
उनको डाली-डाली धूप

साये पहुँचे पौधों तक
पेड़ों ने जब खा ली धूप

घोर कुहासा छाया तो
शरमाई मतवाली धूप

ऊँचे-ऊँचे महलों ने
जाने कहाँ छुपा ली धूप

मछली जैसी फिसली है
हमने बहुत सम्हाली धूप

छेड़िये मत बीच पत्तों के कली सोई हुई

छेड़िये मत बीच पत्तों के कली सोई हुई
है अभी क़ुदरत की यह जादूगरी सोई हुई

है अँधेरों से भी बदतर, रोशनी सोई हुई
क्या जगाएगी उसे अब शायरी सोई हुई

जागते हों ग़म ही ग़म, हो हर ख़ुशी सोई हुई
ऐ ख़ुदा क़िस्मत न देना तू कभी सोई हुई

क़ाफ़िला सारे का सारा क्यों नहीं लुटता भला
रहज़नी जागी हुई थी, रहबरी सोई हुई

हम कहाँ हैं दोस्तो! और कौन सा है यह मुक़ाम
दुश्मनी जागी हुई है, दोस्ती सोई हुई

इसमें सन्नाटों की साज़ों के सिवा कुछ भी नहीं
कैसे झंकारें सुने मेरी सदी सोई हुई

पंखुड़ी से पत्थरों को चीरने का वो हुनर
है कहाँ अब वो ग़ज़ल की नाज़ुकी सोई हुई

छटपटा कर मर गया है अब मेरे अंदर का शोर
दिल में बेचैनी-सी है जागी हुई सोई हुई

फिर अचानक छिड़ गईं बातें तेरे अंदाज़ की
फिर अचानक जाग उट्ठी नग़मगी सोई हुई

अब मज़ा देते हैं मेरे पाँवों के छाले मुझे
ये जगाते हैं मेरी आवारगी सोई हुई

धुन्ध की चादर हटा देंगे अभी सूरज मियाँ
फिर पहाड़ों पर जगेगी धूप भी सोई हुई

रास्ता काली सुरंगों से निकालेगी ज़रूर
लेगी जब अँगड़ायाँ यह रोशनी सोई हुई

एक फ़ोटो ऐसी भी तहज़ीब की एल्बम में है
क़हक़हे जागे हुए, संजीदगी सोई हुई

फिर परिंदा है इम्तिहान में क्या

फिर परिंदा है इम्तिहान में क्या
ये क़.फ़स–सा है आसमान में क्या

कोई निस्बत नहीं ज़मीं से मियाँ!
घर तुम्हारा है आसमान में क्या

कोई अपना नहीं मिला तुझको
तेरे अपनों के इस जहान में क्या

उसके होते हुए लुटा सब कुछ
पासबानी है पासबान में क्या

हम पे महरूमियाँ बरसती हैं
हम नहीं हैं तेरी अमान में क्या

हम कोई बादशाह थोड़ी हैं
हम ग़रीबों की दास्तान में क्या

आदमी है, कोई ख़ुदा तो नहीं
इतना कहना भी उसकी शान में क्या

ले उड़ेगा हवा का इक झोंका
इन घटाओं की आनबान में क्या

बात सुन, ख़्वाहिशों के सौदाई!
कोई हीरा है इस खदान में क्या

उसको कह तो दिया ख़ुदा हाफ़िज़
जान अब भी है तेरी जान में क्या

हर नफ़स प्रश्न था पहेली-सा
पास होते भी इम्तिहान में क्या

कैसे पानी को भी बहने का हुनर आया है

कैसे पानी को भी बहने का हुनर आया है
आज साहिल मुझे साहिल-सा नज़र आया है

मुस्कुराना भी है आँखों में छुपा कर आँसू
क्या बताएँ हमें कैसे ये हुनर आया है

कल तलक थी नहीं परवाज़ की हिम्मत जिस में
आज वो पंख हवाओं के कतर आया है

मुत्तफ़िक़[1] था ही नहीं वो, सो मुख़ालिफ़[2] ठहरा
उसको आना ही था नेज़े पे जो सर आया है

आज टूटा है तो साबुत भी मिलेगा कल तक
कौन कहता है कि क़ल्ब[3] अपना बिखर आया है

रात भर इसके लिए हमने दुआएँ की हैं
तब कहीं सुब्ह में यह रंग नज़र आया है

---

1. सहमत, 2. विरोधी, 3. हृदय, मन

ज़ब्त जब इम्तिहान तक पहुँचा

ज़ब्त जब इम्तिहान तक पहुँचा
ग़म भी मेरा बयान तक पहुँचा

लौट आई परों में फिर जुम्बिश
हौसला जब उड़ान तक पहुँचा

ख़्वाब लेकर वो घर के आँखों में
जब भी पहुँचा मकान तक पहुँचा

तीर था तू तो मेरे तरकश का
कैसे उसकी कमान तक पहुँचा

ख़ूब ख़ुशबू हवाओं में फैली
जब सुख़न क़द्रदान तक पहुँचा

क्या ग़ज़ब शे'र का करिश्मा है
'द्विज' भी सारे जहान तक पहुँचा

किसी से दोस्ती क्या दुश्मनी क्या

किसी से दोस्ती क्या दुश्मनी क्या
मिलेगी बारहा ये ज़िन्दगी क्या

कई आँखें यहाँ चुँधिया गई हैं
दिये में वाक़ई थी रौशनी क्या

सियासत-दां ख़ुदाओं के करम से
रहेगा आदमी अब आदमी क्या

बस अब आवाज़ का जादू है सब कुछ
ग़ज़ल की बह्र क्या और नग़मगी क्या

अगर कुंदन न कर दे आग इसकी
हमारी ज़िन्दगी है ज़िन्दगी क्या

फ़क़त चलते चले जाना सफ़र है
सफ़र में भूख क्या और तिश्नगी क्या

नहीं होते कभी ख़ुद से मुख़ातिब
करेंगे आप 'द्विज' जी! शाइरी क्या

किसी भी हीले से या फिर किसी बहाने से

किसी भी हीले से या फिर किसी बहाने से
बचाओ दुनिया को नफ़रत के कारख़ाने से

ज़ुबान बन्द कराने पे है तुली दुनिया
अभी तो हर्फ़ भी निकला नहीं ठिकाने से

बयान आपका बेशक है लाजवाब मगर
मेरा ही ज़िक्र है ग़ायब मेरे फ़साने से

वो इक ज़माना हुआ भूल ही गए हम तो
कोई हमारा भी रिश्ता था इस ज़माने से

ज़रूर साज़िशें इसमें कहीं रही होंगी
उलझ रहे हैं परिंदे जो आशियाने से

डूबने वाले को तिनके का सहारा हो गया

डूबने वाले को तिनके का सहारा हो गया
जब ख़याल उसका घड़ी भर को हमारा हो गया

वक़्त-ए-रुख़सत देखना मुड़-मुड़ के उनका क्या कहूँ
उम्र भर याद उनको रखने का सहारा हो गया

बस धरी ही रह गई अल्फ़ाज़ की जादूगरी!
आपको कैसे ये चुप रहना गवारा हो गया?

एक नुक्कड़ में ख़रीदी थी कभी इक झोंपड़ी
शह्र ही फिर सेठ का सारे का सारा हो गया

पर्वतों को चीर कर जिस दम बढ़ी आगे नदी
दूर उसका फिर किनारे से किनारा हो गया

बिजलियों से ही रहीं जिस बाग़बां को निस्बतें
कैसी हैरत गुल चमन का भी शरारा हो गया

क्या दवा काम आई ये तो 'द्विज' नहीं मुझको ख़बर
हाँ, दवा और दर्द में अब भाईचारा हो गया

औज़ार बाँट कर ये सभी तोड़-फोड़ के

औज़ार बाँट कर ये सभी तोड़-फोड़ के
रक्खोगे किस तरह भला दुनिया को जोड़ के

ख़ूं से हथेलियों ही को करना है तर-ब-तर
देखा है आपने कभी पत्थर निचोड़ के?

इन आँसुओं को सीने में रखना मुहाल है
धारे निकल ही आते हैं पत्थर को फोड़ के

तूफ़ान साहिलों पे बहुत ही शदीद हैं
ले जाऊँ अब कहाँ मैं सफ़ीने को मोड़ के

शामिल ही नहीं इसमें हुनरमंद लोग अब
इतने कड़े नियम हैं ज़माने में होड़ के

रहते हैं बेजवाब अब ऐसे सवाल 'द्विज'!
अपना ज़मीर पूछे जो ख़ुद को झंझोड़ के

अब कहाँ बात बस्तियों वाली

अब कहाँ बात बस्तियों वाली
एक चुप्पी है मक़तलों वाली

है ख़बर गर्म आँधियों वाली
हाय क़िस्मत ये घौंसलों वाली

ख़ूं-ख़राबे ने छीन ली ज़ीनत
अब चिनारों से वादियों वाली

लब पे आज़ादियों के क़िस्से हैं
सोच लेकिन है साँकलों वाली

सब को बाँटा है, सबको बाँटेगी
यह जो फ़ितरत है सरहदों वाली

अपनी क़िस्मत में अब कहाँ बाबा!
पहली मस्ती वो फागुनों वाली

कम ही लोगों का आशियां है वहाँ
वो बुलन्दी है शोहरतों वाली

आज फिर खो गई है दफ़्तर में
कोई अर्ज़ी शिकायतों वाली

'द्विज' की गुमनामियों के चर्चे हैं
बात करता था अज़मतों वाली

अँधेरा है अभी तक तो हुआ क्या

अँधेरा है अभी तक तो हुआ क्या
गगन खा जाएगी काली घटा क्या

हमारे दम में रहता है जो हर-दम
उसी को जा-ब-जा फिर ढूँढ़ना क्या

अचानक उड़ गयी चेहरे से रौनक़
बताओ कह गयी तुमसे हवा क्या

ख़ुदा हाफ़िज़ जो कह कर चल दिए हो
तो ये मुड़-मुड़ के पीछे देखना क्या

तेरे घर में उजाला हो गया है
अँधेरा अब जहां से मिट गया क्या

भँवर में आ गई कश्ती हमारी
रहेगा नाख़ुदा अब नाख़ुदा क्या

जो धोखा दे रहे थे हर नज़र को
मैं आख़िर ऐसे मंज़र देखता क्या

ज़मीर अपना दिखाएगा तुझे जो
दिखाएगा फ़रेबी आइना क्या

चले हो शे'र कहने आप 'द्विज' जी!
ख़ुद अपने-आप से हो आशना क्या

बुला लो पास उजाले की वो नदी फिर से

बुला लो पास उजाले की वो नदी फिर से
चराग़ जल उठे छेड़ो ग़ज़ल कोई फिर से

यहाँ अँधेरों के ताजिर ये चाहते ही नहीं
धुले ये रात की काजल-सी रौशनी फिर से

तमाम शह्र ने फिर उसका एहतराम[1] किया
तमाम शह्र से छिन जाएगी ख़ुशी फिर से

परिन्दे आने दो, थोड़ा-सा चहचहाने दो
ये शाख़ देखना हो जाएगी हरी फिर से

जहान भर में लुटाते हुए नई ख़ुशबू
बहार लाएगी माज़ी की ताज़गी फिर से

गली से 'द्विज' जो अँधेरे उखाड़ फेंको तो
घरों में आएगी पुरनूर रौशनी फिर से

---

1. आदर-सत्कार

चुप्पियाँ मुख़ातिब हैं अब नयी-नयी जैसे

चुप्पियाँ मुख़ातिब हैं अब नयी-नयी जैसे
दरमियां नहीं शायद कोई अनकही जैसे

नींद से जगाती है रोज़ हड़बड़ी जैसे
आ बसी हो सीने में एक बेकली जैसे

रंग जब उलझते हैं मतलबों की साज़िश में
शह्र ओढ़ लेता है साये कत्थई जैसे

वो जो एक पर्वत है वो भी टूट सकता है
तोड़ने पे आमादा अब है आदमी जैसे

ऐसे फेंक देते हैं लोग अपने ईमां को
साँप उतार देता है अपनी केंचुली जैसे

यह सफ़ेद अँधेरा है या सियाह उजाला है
हैं निगाह में मंज़र आज और ही जैसे

बारहा ये लगता है उसमें मेरा बचपन है
आज भी बुलाती है मुझको वो गली जैसे

ग़मज़दा निगाहें वो ऐसे मुस्कुराती हैं
खेलती है लहरों पर कोई तिश्नगी जैसे

ख़ुद के रू-ब-रू मैंने ख़ुद को जब भी पाया है
घूरते-से दिखते हैं दोनों अजनबी जैसे

वो जो मर नहीं सकते, इस तरह वो जीते हैं
उनका साँस लेना ही 'द्विज' हो लाज़िमी जैसे

मेरा ख़ुद से भरोसा उठ गया तो

मेरा ख़ुद से भरोसा उठ गया तो
अगर पेश आ गया ये हादिसा तो

यक़ीनन हो गया होता मैं पत्थर
सफ़र में मुड़ के पीछे देखता तो

तुझे कुछ डर नहीं दुनिया का लेकिन
कभी जो सामना ख़ुद से हुआ तो

घुटन में भी वो साँसें ले रहा था
जिया ऐसे मगर आख़िर जिया तो

गिरा है आँख से जो एक आँसू
वही क़तरा समन्दर हो गया तो

यक़ीनन तू ही मेरे सामने है
तेरा आना मगर धोखा हुआ तो

ज़माना लाख दीवाना कहे पर
मुझे उसने भी दीवाना कहा तो

अभी तो फूल ही रूठे हैं तुमसे
जो ख़ुशबू ने किनारा कर लिया तो

चराग़ उम्मीद के फिर से जला रहा है कोई

चराग़ उम्मीद के फिर से जला रहा है कोई
न जाने क्यों मेरे सपनों में आ रहा है कोई

मिटा रहा है मुझे या बना रहा है कोई
मेरे वजूद पे रह-रह के छा रहा है कोई

दसों दिशाओं में फिर आज बज रहे हैं सितार
ज़रूर दर्द मेरा गुनगुना रहा है कोई

फ़लक की आँख से चिंगारियाँ बरसती हैं
ज़मीं के ख़्वाब की नींदें उड़ा रहा है कोई

ख़ुद अपने ज़ख़्मों पे करता है अब नमकपाशी
किसी के दर्द से रिश्ता निभा रहा है कोई

वो नींद में है मगर उठ के चल पड़ा कैसे
ज़रूर ख़्वाब में उसको बुला रहा है कोई

बहुत अजीब तेरा यह निज़ाम लगता है
कमा रहा है कोई और खा रहा है कोई

उसी की धूम मची है, उसी का चर्चा है
न जाने कौन से सिक्के भुना रहा है कोई

कहा जाए ये अक्स-ए-ज़िंदगी से

कहा जाए ये अक्स-ए-ज़िंदगी से
तेरी सूरत नहीं मिलती किसी से

तअल्लुक़ उसका क्या शर्मिंदगी से
जो ऊपर उठ गया नेकी-बदी से

अभी तो इब्तिदा-ए-इश्क़ है और
अभी से नाज़ ये तेवर अभी से

मुझे मरने की भी फ़ुर्सत नहीं है
अभी चिपका हुआ हूँ मैं घड़ी से

जो खूँटों से बँधे हैं सिर्फ़ वो ही
परेशां हैं मेरी आवारगी से

गुहर को भी जो पत्थर कह रही है
मुझे शिकवा है उस दीदावरी से

'द्विज' अपनी दोपहर में जल रहा हूँ
बिछड़ कर मैं सहर की रोशनी से

कह सकूँ ख़ुद से 'वो देखो, एक घर मेरा भी है'

कह सकूँ ख़ुद से 'वो देखो, एक घर मेरा भी है'
क्या बुरा है, ख़्वाब तेरा, ख़्वाब अगर मेरा भी है

कुछ दुआ माँ बाप की, कुछ दोस्तों की रहबरी
और मेरे साथ कुछ अज़्म-ए-सफ़र मेरा भी है

मैं इसे घुटनों पे रखकर कब तलक बैठा रहूँ
क्या करूँ इसका बता तू ही कि सर मेरा भी है

कुछ दरारें पड़ गयीं लेकिन ये सच है आज भी
दिल इधर उसका भी है और दिल उधर मेरा भी है

सर पटकता हूँ मैं अपने बन्द दरवाज़ों के साथ
दर्द हर दस्तक में शामिल ज़ख़्म-भर मेरा भी है

मुझको मेरी बात कहने दे मेरे अन्दाज़ में
तजरुबा मुझको भी है, इल्म-ओ-हुनर मेरा भी है

क़दम-क़दम पे उजाले ग़ज़ल सुनाते हैं

क़दम-क़दम पे उजाले ग़ज़ल सुनाते हैं
'अँधेरी रात में जब दीप झिलमिलाते हैं'

चिराग़ रौशनी का गीत गुनगुनाते हैं
नई उमंग के मौसम पलट के आते हैं

तिमिर के पाँव उजालों से थरथरा उठ्ठें
हम इस मुराद से दीपावली मनाते हैं

महक जब उठता है उल्लास दिल के आँगन में
हमारे हौसलों के फूल मुस्कुराते हैं

पटाख़े दिल में उमंगों के कम नहीं यारो!
फिर आप आग से बारूद क्यों जलाते हैं?

अँधेरे बैर के दिल से निकालिए साहब
दिये जलाने का दस्तूर क्यों निभाते हैं?

जिगर के टुकड़ों को परदेस भेज कर यारो!
बताओ हम कोई दीपावली मनाते हैं ?

अब इन्तज़ार में आँखें भी आसमान हुईं
सितारे आस के हर वक़्त टिमटिमाते हैं

हवाई हौसलों की आसमां छुए यारो!
दुआ हम आज ये अपने लबों पे लाते हैं

है घर, न घर में कोई मुन्तज़र कहीं जिनका
'द्विज' उनके दिल में दिये आग ही लगाते हैं

हैं उजालों के सिलसिले हर-सू

हैं उजालों के सिलसिले हर-सू
दीप ही दीप जल उठे हर-सू

आँगन-आँगन में अल्पनाएँ हैं
आस के फूल खिल गये हर-सू

द्वार-आँगन की दीपमालाएँ
कहकशां-सी दिखाई दे हर-सू

जिनकी परदेस में है दीवाली
उनको अपना ही घर दिखे हर-सू

कौन गुज़रा है दिल की गलियों से
हैं चिराग़ों के क़ाफ़िले हर-सू

क्यों न हो आज नूर की बारिश
जब इबादत में हैं दिये हर सू

काश हो ज़िन्दगी भी दीवाली
नूर की इक नदी बहे हर सू

फ़ुर्सत नहीं उसे भी ग़मे-रोज़गार से

फ़ुर्सत नहीं उसे भी ग़मे-रोज़गार से
हम क्या दुआ सलाम करें शह्रयार से

यूँ ही बना के रक्खोगे कब तक मेरा भरम
दीवार का सवाल है अब इश्तिहार से

हर चीज़ को झपटने की आदत जिन्हें पड़ी
उनको कहाँ थीं निस्बतें लम्बी क़तार से

फिर देर तक ग़ुबार से आँखें भरी रहीं
मुश्ते-ग़ुबार[1] भिड़ गई मुश्ते-ग़ुबार से

हैरां हूँ कैसा शख़्स था हमराज़ भी मेरा
जो ऐतबार तोड़ गया ऐतबार से

जो हार मान लेते हैं उनको कभी-कभी
देखी है मिलती जीत भी हमने तो हार से

गिरना नहीं है बात बड़ी 'द्विज' जी दौड़ में
पर झेल हम न पाएँगे गिरना वक़ार[2] से

---

1. मुट्ठी भर धूल, 2. गरिमा

अगर यह राज़-ए-हस्ती आम हो जाए

अगर यह राज़-ए-हस्ती आम हो जाए
न जाने क्या यहाँ कोहराम हो जाए

अगन दिल की जो रह के नाम हो जाए
उजालों का अमल हर गाम हो जाए

कोई बादल अगर हो मेह्रबां हम पर
हमारी प्यास भी पैग़ाम हो जाए

धड़कती रेल से कैसे कहे कोई
दिले-बीमार! कुछ आराम हो जाए

उतर आया है अब वो हक़बयानी पर
अब उसके सर पे भी इन'आम हो जाए

कुछ ऐसी मंडियाँ हैं आदमी तो क्या
फ़रिश्ता भी जहाँ नीलाम हो जाए

रात भर की ज़िन्दगी है और हैं नींदों में लोग

रात भर की ज़िन्दगी है और हैं नींदों में लोग
खो गए हैं जाने कैसे मर चुके सपनों में लोग

कुछ जमूरे, दास, बँधुआ, कुछ बने कठपुतलियाँ
बेइरादा नाचते हैं वक़्त के हाथों में लोग

बीते कल को अपनी दुखती पीठ पर लादे हुए
ढोएँगे कल आने वाले कल को भी थैलों में लोग

ज़िन्दगी की शर्त पर, जांबाज़ वो होते गये
सीपियों, शंखों की ख़ातिर खो गए लहरों में लोग

एकता के मांत्रिकों की सिद्धियों का है असर
एक थे जो, रफ़्ता-रफ़्ता, बँट गए फ़िरक़ों में लोग

अब कहाँ फ़ुर्सत कि माज़ी की किताबें खोल कर
ख़ुद को ढूँढ़ें वक़्त के सूखे हुए फूलों में लोग

असलियत है असलियत ज़ाहिर तो होगी एक दिन
जा छिपें बेशक मुखौटों में या फिर पर्दों में लोग

हादसो! तुमको बयां करने की फ़ुर्सत है किसे
रह गए हैं अब उलझ कर राहतों, भत्तों में लोग

पूछता है शे'र तेरा 'द्विज' हर इक मक़्ते के बाद
यूँ खिंचे आये कहाँ से आपकी ग़ज़लों में लोग?

जिधर कहीं मेरे ख़्वाबों का कारवां निकला

जिधर कहीं मेरे ख़्वाबों का कारवां निकला
क़दम-क़दम पे उधर एक इम्तिहां निकला

वो जिसकी बात पे रस्ता बदल दिया हमने
वो मीर-ए-कारवां रहज़न का हमज़ुबां निकला

जुनूं में जिसको हवाले किया था शोलों के
जब आया होश तो अपना ही वो मकां निकला

परिन्द अम्न के जाकर कहाँ बसर करते
हर एक शाख़ पे ही ख़ौफ़ मेज़बां निकला

वो चश्मदीद, हुआ क़त्ल सामने जिसके
बयां के वक़्त वही शख़्स बेज़ुबां निकला

जिसकी ज़ुबां पे हरदम बस 'जी हुज़ूर' होगा

जिसकी ज़ुबां पे हरदम बस 'जी हुज़ूर' होगा
उनकी नज़र में यारो! वो बा-शऊर[1] होगा

हर शेर 'द्विज' का जो हो बाग़ी ज़रूर होगा
दुखती रगों को छूना उसका क़ुसूर होगा

दीमक लगी हुई हो जिस पेड़ की जड़ों में
कैसे भला फिर उसके पत्तों पे नूर होगा

क़ातिल भले हो लेकिन दरबार का है बन्दा
क़ानून की नज़र में, वो बे-क़ुसूर होगा

हर आदमी के अन्दर ख़ुद को जो देखता है
उसमें फ़क़ीर जैसा कोई फ़ितूर[2] होगा

लफ़्ज़ों पे लाख पहरे, बन्दिश भी है क़लम पर
कहता है दिल कि फिर भी कहना ज़रूर होगा

कोहरे में, धुंध में भी, सब साफ़ जिसने देखा
'द्विज'! वो 'कबीर', 'ग़ालिब', 'तुलसी' कि 'सूर' होगा

---

1. समझदार, विचारवान, 2. विकार, ख़राबी

हालात ने जो ख़ूब तराशा नहीं होता

हालात ने जो ख़ूब तराशा नहीं होता
पत्थर ही मैं रहता कभी हीरा नहीं होता

ढारस भी बँधाती है कड़ी धूप की शिद्दत
जब सर पे कोई छाँव का टुकड़ा नहीं होता

उलझा हुआ रहता है ज़माने से वही शख़्स
वो शख़्स जो ख़ुद से कभी उलझा नहीं होता

होता नहीं पत्थर पे लकीरों-सा मेरा नक़्श
जो मुझको ज़माने ने मिटाया नहीं होता

जो शख़्स है लम्बा उसे रस्ते से हटा दें
इस तरह तो क़द आपका ऊँचा नहीं होता

रौशन हैं बहुत आप तो फिर आपसे शिकवा
दीपक के तले यूँ भी उजाला नहीं होता

पक्का उन्हें करती है भुला देने की ज़िद ही
यादों का कोई रंग यूँ फीका नहीं होता

तपते सहराओं में इक लम्बा सफ़र मेरा भी है

तपते सहराओं में इक लम्बा सफ़र मेरा भी है
और ज़िन्दा यह जुनून-ए-राहबर, मेरा भी है

और जैसा है किसी का वो सफ़र मेरा भी है
इस ज़मीं पर एक वक़्फ़ा मुख़्तसर[2] मेरा भी है

तू मेरे चेहरे में है और मैं तेरे चेहरे में हूँ
ख़ुदफ़रेबी का यही तेरा हुनर, मेरा भी है

एक अपना कारवां है, एक सी हैं मुश्किलें
रास्ता तेरा अगर है पुरख़तर, मेरा भी है

चाँद है तू, बादशाही शब पे है तेरी मगर
मैं हूँ सूरज, तेरी हस्ती पर असर मेरा भी है

अब तो हमसाये को हमसाये का साया भी हराम
मैं भी उससे डर रहा हूँ, उसको डर मेरा भी है

छोड़ दे चिंगारियों से खेलने का अब जुनूं
सिर्फ़ तेरा ही नहीं बस्ती में घर मेरा भी है

---

1. विराम अंतराल, 2. संक्षिप्त

ऐ नयी क़दरों के नारो! इस तरफ़ भी हो नज़र
इक उसूलों का पुराना खण्डहर मेरा भी है

राख हो जायेगा मेरे साथ वो भी एक दिन
इन सुहाने जंगलों में इक शजर मेरा भी है

मैं भी तुझ-सा हूँ मुझे 'द्विज' आसमां से क्या ग़रज़?
जानता हूँ मैं ज़मीं तक ही गुज़र, मेरा भी है

आ कि औक़ात अँधेरे की, बता दी जाये

आ कि औक़ात अँधेरे की, बता दी जाये
रुख़ से पर्दा हटे और शम्अ जला दी जाये

सुन ली दुनिया ने, मुझे तुमने सुनाई जो सज़ा
अब ख़ता मेरी सर-ए-आम सुना दी जाये

झूठ ने सच से कहा, 'तुझ में बचा ही क्या है?
ये बता क्यों न तेरी लाश उठा दी जाये'

पैंतरा यह भी सियासत के बड़े काम का है
अम्न-ओ-ईमान की शहरग ही दबा दी जाये

फूल ही फूल हों क़दमों में, चलो यूँ कर लें
प्यार के पेड़ की इक शाख़ हिला दी जाये

शायद आ जाये कभी काम किसी सर्दी में
'द्विज' जी! अश'आर में कुछ आग छुपा दी जाये

हर इक हसीन मंज़र आँखों से छिन गया है

हर इक हसीन मंज़र आँखों से छिन गया है
यह रहबरी है तेरी या कोई बद्दुआ है

जिसके असर से सबकी साँसें उखड़ रही हैं
वो ज़ह्र तो लहू में बरसों से घुल रहा है

सच्चा ग़रीब चेह्रा ग़ायब हुआ है कैसे
धनवान का मुखौटा अख़बार में छपा है

इस तेज़ रौशनी में चुँधिया गई हैं आँखें
इससे बड़ा बताओ क्या और हादिसा है

दरअस्ल खाइयाँ हैं जिनपे है नाज़ हमको
कैसी बुलन्दियाँ हैं हमने जिन्हें छुआ है

मुश्किल है अब हमारा इस साज़ से बहलना
तुम जो बजा रहे हो वादों का झुनझुना है

उसके लिए है मुमकिन काँधों पे सर को रखना
ख़ुद्दारियों को जिसने गिरवी नहीं रखा है

अब ख़त्म हो चुका है तक़रीर का वो जादू
सारा बयान तेरा सस्ता-सा चुटकुला है

आवाज़ घुट गई है, पथरा गई हैं आँखें
कुछ आसमां ख़फ़ा है, कुछ ज़िन्दगी ख़फ़ा है

मुझसे ही पिट रही हैं सारी मेरी दलीलें
मैं ख़ुद खड़ा हूँ जिसमें मेरा ही कटघरा है

कब इक नदी बनेंगे पलकों में क़ैद आँसू
आँखों में मेरी अब भी सपना ये तैरता है

न राजा याद आएगा, न रानी याद आएगी

न राजा याद आएगा, न रानी याद आएगी
हर इक भूखे को रोटी की कहानी याद आएगी

हमें ना-मेह्‌रबां की मेह्‌रबानी याद आएगी
निज़ाम-ए-मुल्क की नाक़द्रदानी याद आएगी

हमारा कारवां चिंगारियों से जल गया आख़िर
हमें रहबर! तेरी शोलाबयानी याद आएगी

हमारे ज़ख़्म जो ताज़ा रखें, मरहम वो बख़्शे हैं
हकीमों! आप सबकी मेह्‌रबानी याद आएगी

हर इक सरहद लहू से सींच रक्खी है शहीदों ने
तुझे कब, ऐ वतन! यह बाग़बानी याद आएगी

उछलती बच्चियाँ देखोगे जब सर्कस में तारों पर
हक़ीक़ी ज़िंदगी की तर्जुमानी याद आएगी

बयाँ होते हैं अब अश'आर में हालात हाज़िर के
सुनोगे जब ग़ज़ल नौहाख़्वानी[1] याद आएगी

कभी थक हार कर हिन्दी और उर्दू के झमेले से
'द्विज' आख़िर फिर ग़ज़ल हिन्दोस्तानी याद आएगी

---

1. विलाप

जब भी अपने आपसे ग़द्दार हो जाते हैं लोग

जब भी अपने आपसे ग़द्दार हो जाते हैं लोग
ज़िन्दगी के नाम पर धिक्कार हो जाते हैं लोग

सत्य और ईमान के हिस्से में हैं गुमनामियाँ
साज़िशें बुन कर मगर अवतार हो जाते हैं लोग

बेच देते हैं सरे-बाज़ार वो जिस्म-ओ-ज़मीर
भूख से जब-जब बहुत लाचार हो जाते हैं लोग

रात भर मशग़ूल रहते हैं अँधेरों में कहीं
और अगली सुब्ह का अख़बार हो जाते हैं लोग

उन कबीलों का न जाने हश्र क्या होगा, जहाँ
अपनी-अपनी तरह के सरदार हो जाते हैं लोग

मतलबों की भीड़ जब जुटती है तो देखा है यह
धूल में रौंदी हुई दस्तार हो जाते हैं लोग

नाख़ुदा है ख़ुद ये दरिया वक़्त का 'द्विज'! देखिये
बैठे-बैठे एक दिन उस पार हो जाते हैं लोग

आँख बाज़ार से जब आती है

आँख बाज़ार से जब आती है
कितने मंज़र समेट लाती है

जो हवा बस्तियाँ जलाती है
कैसे जंगल से हो के आती है!

माँ, मैं ख़्वाबों से ख़ौफ़ खाता हूँ
क्यों मुझे लोरियाँ सुनाती है ?

रात-दिन जोड़ने घटाने में
कोई शय है जो छूट जाती है

एक हल्की-सी, नूर की आहट
रौशनी के क़रीब लाती है

देखकर हश्र बूढ़े पेड़ों का
इक दुआ लब पे थरथराती है

रोज़ बाज़ार में नई हसरत
क्यों मेरा ज़ब्त आज़माती है

बादशाहत करे जो हर दिल पर
वो ज़बान आते-आते आती है

एक फ़ितरत है बेतमीज़ी भी
साथ आती है साथ जाती है

मैं भी रँगने लगा हूँ बालों को
वो भी अब झुर्रियाँ छुपाती है

ख़्वाब ख़्वाबों में भी नहीं आते
ज़िन्दगी इस क़दर जगाती है

पालकी मुल्क की मेरे मौला
अब कहारों से ख़ौफ़ खाती है

किसी के इल्म से निकली दुआ की बात करें?

किसी के इल्म से निकली दुआ की बात करें?
कि उसकी लैब से आई बला की बात करें?

वबा-फ़रोश हकीमो! मरज़ ये कैसा है?
दवा की बात करें या दुआ की बात करें?

वो जिसमें साँस भी लेना मुहाल हो यारो!
अदब से कैसे हम अब उस फ़ज़ा की बात करें?

न जाने कितने ही अंदेशे कौंध जाते हैं
जफ़ा-पसन्द जो रस्मे वफ़ा की बात करें

कोई सुराग़ हमें दे गया पता जिसका
ज़रूरी है कि हम उस लापता की बात करें

जहांपनाह! सज़ाओं से हम नहीं डरते
मगर सज़ाओं से पहले ख़ता की बात करें

हमारा क्या है किसी हाल में भी जी लेंगे
हुज़ूर! आप बस अपनी रज़ा की बात करें

ज़मीं पे चाँद सितारों का हुक्म आया है
कभी न भूल के काली घटा की बात करें

ज़ुबानें, गर्दनें, सर, हाथ-पाँव, बाज़ू सब
कहाँ बचेंगे जो अपनी रज़ा की बात करें?

कभी तो चाँद सितारों के छोड़कर क़िस्से
फ़लक पे छाई है जो उस घटा की बात करें

वो जिसके ज़िक्र से सौ-सौ चराग़ हों रौशन
चलो 'द्विज' ऐसे किसी आशना की बात करें

उससे जब कारोबार करना है

उससे जब कारोबार करना है
ख़ुद को इक इश्तिहार करना है

ज़ीस्त को पुर-बहार करना है
हश्र तक इन्तज़ार करना है

इल्तिजा उससे और इस हद तक
ख़ुद को क्या शर्मसार करना है

रह्म कर कुछ तो मेरे दिल की ख़िज़ां
आज ज़िक्र-ए-बहार करना है

ज़िन्दगी से उलझ के क्या हासिल
ख़ुद ही को दरकिनार करना है

चाक कर तो लिया गिरेबां अब
क्या इसे तार-तार करना है?

ख़्वाहिशों पर ये जान दे कर क्या
अपने दिल को मज़ार करना है ?

ख़ुद से उस तक पहुँचना हो आसान
इतना ऊँचा वक़ार करना है

क्यों सुनायें उसे हम अपना हाल
क्या उसे अश्क-बार करना है?

दिल यहीं रम गया है 'द्विज' लेकिन
हमको यह दश्त पार करना है

जोग कठिन अभ्यास रे जोगी

जोग कठिन अभ्यास रे जोगी
तू स्वादों का दास रे जोगी

हर सुविधा तेरे पास रे जोगी
धत्त तेरा सन्यास रे जोगी

जीवन कारावास रे जोगी
फिर भी है उल्लास रे जोगी

रूहों से चिपका रहता है
जन्मों का इतिहास रे जोगी

नामवरों पे भी उगती है
गुमनामी की घास रे जोगी

बीच भँवर में कश्ती जैसे
जीवन का हर श्वास रे जोगी

जीवन के कोलाहल में है
सन्नाटों का वास रे जोगी

मन–मंदिर में जब हों साजन
सब ऋतुएँ मधुमास रे जोगी

बुझ पाई है बूँदों से कब
मन–मरुथल की प्यास रे जोगी

क्या जीवन क्या जीवन–दर्शन
मर जाए जब आस रे जोगी

अगर दिखाई दे ख़ुद में ही सारी अच्छाई

अगर दिखाई दे ख़ुद में ही सारी अच्छाई
हुज़ूर! इसी को तो कहते हैं ऐब-ए-बीनाई[1]

इसी के दम से हर इक दर्द की शिफ़ा[2] पाई
सिखाई जो मुझे हालात ने शकेबाई[3]

तमाम रात महकती थी जिससे अँगनाई
तेरी वो रात की रानी बहुत ही याद आई

कभी-कभी जहाँ दीदार अपना होता था
नहीं है गाँव में वो आईने-सी अमराई

सुकून दिल के धुएँ को अजब-सा मिलता है
कहाँ की आग लिये आई है ये पुरवाई

जो हमने चुन लिया वो रास्ता नहीं बदला
यूँ ऊँच-नीच तो दुनिया ने ख़ूब समझाई

हुआ है दर्द ये छूने से तेरे दोबाला
अजीब रंग में है अब तेरी मसीहाई

बस एक ख़्वाब ही देखा था जाग कर मैंने
फिर उसके बाद मुझे नींद ही कहाँ आई

मेरी ख़मोश निगाहों का शोर उसी ने पढ़ा
वो आँख जिसमें बसी थी ग़ज़ब की तन्हाई

---

1. दृष्टिदोष, 2. मुक्ति, 3. धैर्य

जितना दिखता हूँ मुझे उससे ज़ियादा न समझ

जितना दिखता हूँ मुझे उससे ज़ियादा न समझ
इस ज़मीं का हूँ मुझे कोई फ़रिश्ता न समझ

यह तेरी आँख के धोखे के सिवा कुछ भी नहीं
एक बहते हुए दरिया को शिकारा न समझ

वो तुझे बाँटने आये हैं कई टुकड़ों में
रहनुमाओं को मेरे दोस्त मसीहा न समझ

जिन किताबों ने अँधेरों में डुबोया है तुझे
उन किताबों के उजाले को उजाला न समझ

छोड़ जाएगा तेरा साथ अँधेरे में कभी
अपने साये को कभी भूल के अपना न समझ

यह जो बिफरा तो डुबोएगा सफ़ीने सारे
तू इसे आँख से टपका हुआ क़तरा न समझ

है तेरे साथ अगर तेरे इरादों का जुनूं
क़ाफ़िला है तू, कभी ख़ुद को अकेला न समझ

तुझ से ही है बड़े दरबार का ख़ुद अपना वजूद
वो तो साइल[1] है उसे कोई ख़लीफ़ा न समझ

आगे बढ़ने पे मिलेंगे तुझे मंज़र भी हसीन
इन पहाड़ों के कुहासे को कुहासा न समझ

साथ हैं मेरे बुज़ुर्गों की दुआएँ ज़िंदा
मैं हूँ महफ़िल, मुझे पल भर को भी तन्हा न समझ

---

1. भिखारी

बिछड़ कर वो सर-ए-मंज़िल गया है

बिछड़ कर वो सर-ए-मंज़िल गया है
फिर उसके साथ ही क्यूँ दिल गया है

उसी के आने की है यह ख़बर क्या
अचानक क्यों तू ऐसा खिल गया है

बज़ाहिर तू नज़र आता है पत्थर
तेरा सीना भी आख़िर छिल गया है

सितमगर में न जाने क्या थी ख़ूबी
दुआ देता हुआ बिस्मिल[1] गया है

मुक़द्दर भी चला जायेगा घर से
जो ख़ाली हाथ इक साइल[2] गया है

हुआ क्या अब तेरी गुफ़्तार[3] को यह
तेरा मुँह क्यों अचानक सिल गया है

ग़म-ए-जानां, ग़म-ए-दुनिया से आख़िर
ग़ज़ल में किस तरह घुल-मिल गया है

---

1. घायल, 2. भिखारी, 3. बोलचाल

इसी तरह सभी काँटे निकाल देते हैं

इसी तरह सभी काँटे निकाल देते हैं
हम अपने दर्द को ग़ज़लों में ढाल देते हैं

हमारी नींदों में अक्सर जो डालते हैं ख़लल
वो उन सवालों को हँस कर उछाल देते हैं

हमारे कल की ख़ुदा जाने शक्ल क्या होगी
हर एक बात को हम कल पे टाल देते हैं

कहीं दिखे ही नहीं गाँवों में वो पेड़ हमें
बुज़ुर्ग सायों की जिनके मिसाल देते हैं

कमाल ये है वो गौहर-शनास[1] हैं ही नहीं
जो इक नज़र में समुंदर खंगाल देते हैं

वो सारे हादसे हिम्मत बढ़ा गए 'द्विज' की
कि जिनके साये ही दम-ख़म पिघाल देते हैं

---

1. मोतियों के पारखी

मिटा दे ज़ह्न से अपने जो खरपतवार चुटकी में

मिटा दे ज़ह्न से अपने जो खरपतवार चुटकी में
तो फ़स्लें सपनों की हो जाएँगी तैयार चुटकी में

बहुत थे वलवले दिल के मगर जब वो मुख़ातिब है
उड़न-छू हो गई है ताक़त-ए-गुफ़्तार[1] चुटकी में

हवा के रुख़ के आगे हो गये बेबस इरादे वो
हवा का रुख़ बदल देते थे जो हर बार चुटकी में

अजब तक़रीर[2] की है रहनुमा ने अम्न पर देखो
निकल आए हैं चाकू, तीर और तलवार चुटकी में

तरीक़ा, क़ाइदा, क़ानून हैं अल्फ़ाज़ अब ऐसे
उड़ा देते हैं जिनको आज के अवतार चुटकी में

नतीजा है बड़ी गहरी किसी साज़िश का यह वरना
नहीं हिलते किसी घर के दरो-दीवार चुटकी में

उड़ा दे होश तेरे जिनकी गहराई का अन्दाज़ा
वो दरिया तैर कर हमने किए हैं पार चुटकी में

परिन्दे और तसव्वुर के लिए सरहद नहीं होती
कभी इस पार चुटकी में कभी उस पार चुटकी में

बस इतना ही कहा था शह्र का मौसम नहीं अच्छा
सज़ा का हो गया, सच कह के 'द्विज' हक़दार चुटकी में

---

1. बोलने की शक्ति, 2. भाषण

फ़ज़ा मदहोश है जिस नग़मगी से

फ़ज़ा मदहोश है जिस नग़मगी से
वो आई है ग़ज़ल की बाँसुरी से

हमें चेह्‌रों से कोई बैर कब था
हमारी जंग थी बेचेह्‌रगी से

वो बस मेरे कहे को मानता है
परेशां हूँ मैं ख़ुद की अनकही से

यहाँ भी मुन्तज़िर[1] कोई नहीं था
मिला ये क्या मुझे घर वापसी से

निकालो तुम भी अपने दिल की हसरत
बुझा लो प्यास मेरी तिश्नगी से

दिखाया और दुनिया का नज़ारा
कोई शिकवा नहीं आवारगी से

ये क्या है रोज़ का मर-मर के जीना
अमां कुछ काम लीजे ज़िन्दगी से

---

1. प्रतीक्षारत,

फ़क़त सर का क़लम होना है बाक़ी
मिला सब कुछ है वरना सरकशी[1] से

ख़ुदा महफ़ूज़ है वो है जहाँ भी
बचा लो आदमी को आदमी से

तो क्या मैं भी सियासी हो रहा हूँ
मेरी बनने लगी है हर किसी से

ज़रा-सा तो अलग रख, तेरा लहजा
बहुत मिलता है 'द्विज' की शायरी से

1. अवज्ञा, विरोध

आइने कितने यहाँ टूट चुके हैं अब तक

आइने कितने यहाँ टूट चुके हैं अब तक
आफ़रीं उन पे जो सच बोल रहे हैं अब तक

टूट जाएँगे, मगर झुक के मर नहीं सकते
हम जो ईमान की ख़ातिर ही जिये हैं अब तक

रहनुमा उनका वहाँ है ही नहीं मुद्दत से
क़ाफ़िले वाले किसे ढूँढ़ रहे हैं अब तक

फ़त्ह कर सकता नहीं जिनको जुनूं मज़हब का
ऐसे तहज़ीब के महफ़ूज़ क़िले हैं अब तक

उनकी आँखों को हों फिर ख़्वाब मयस्सर कैसे
अजनबी डर से जो सो ही न सके हैं अब तक

देख लेना कभी मंज़र वो घने जंगल का
जब सुलग उट्ठेंगे जो ठूँठ दबे हैं अब तक

ख़ुद भी हैरान है ये आग लगाने वाले
एक चिंगारी से घर कितने जले हैं अब तक

उन उजालों का नया नाम बताये कोई
जिन उजालों में अँधेरे ही पले हैं अब तक

'मीर' के जैसी रवानी ही नहीं मिल पाई
यूँ तो हमने भी कई शे'र कहे हैं अब तक

दूर मंज़िल, ये तड़प आपकी, ये बेचैनी
और 'द्विज'! आप तो दो कोस चले हैं अब तक

झोंपड़ियों में जा कर देखो

झोंपड़ियों में जा कर देखो
फिर ख़ुद को समझा कर देखो

अपनी छाप गँवा बैठोगे
उनसे हाथ मिला कर देखो

सपनों को परवाज़ मिलेगी
आस के पंख लगा कर देखो

बिखरे-बिखरे-से मिसरे हैं
रब्त का जाम पिलाकर देखो

जाओ, इक भूखे बच्चे को
लोरी से बहला कर देखो

आए हो मुझको समझाने
ख़ुद को भी समझा कर देखो

रंग बच्चों-से घुलमिल गये रंग में

रंग बच्चों-से घुलमिल गये रंग में
लाल पीले हरे साँवले रंग में

मैं तेरे रंग में, तू मेरे रंग में
अक्स भी रंग में, आइने रंग में

रंग ने, रंग में, रंग से बात की
रंग और आ गए रंग के रंग में

एक सपना यकायक मुझे ले गया
उसकी ख़ुश्बू से महके हुए रंग में

मुँह छिपाएँ कहाँ आज मायूसियाँ
आज हैं दोस्तो! क़हक़हे रंग में

पल छिनों में गुज़र जाएगी ज़िन्दगी
थे अभी कुछ यहाँ बुलबुले रंग में

कोई रंग और मुझ पर चढ़ा ही नहीं
जब से मैं रँग गया आपके रंग में

बज़्म की ऐ उदासी! तू क्या चीज़ है
तुझको आना ही होगा मेरे रंग में

कोई मौक़ा नहीं आज तकरार का
आज हैं सबके सब फ़लसफ़े रंग में

कितने रंग उनके चेहरे पे आए, गए
'द्विज'! ये क्या कह दिया आपने रंग में

इरादा छोड़ भी दो ख़ुदकुशी का

इरादा छोड़ भी दो ख़ुदकुशी का
नया कुछ नाम रख लो ज़िन्दगी का

लगी हैं इसमें चुँधियाने अब आँखें
करेंगे क्या हम ऐसी रोशनी का

सुकून-ए- दिल जहाँ मिलता था हमको
वहाँ भी रक़्स[1] देखा बेबसी का

अचानक खुल गई यादों की खिड़की
अचानक आ गया झोंका ख़ुशी का

घुटन में तू कुछ ऐसे याद आया
कोई झोंका हो जैसे ताज़गी का

सुखा डाला ग़मों की आग ने अब
कभी आँखों में था दरिया ख़ुशी का

न जाने सिलसिला रुकता नहीं क्यों
चमन में बुलबुलों की ख़ुदकुशी का

---

1. नृत्य

पहले धूप ओस में नहाती है

पहले धूप ओस में नहाती है
फिर पहाड़ों पे खिलखिलाती है

वो बहुत ख़ुशनसीब होते हैं
जिन पहाड़ों पे धूप आती है

सुब्ह तक नौकरी बजाते हैं
तब चराग़ों को नींद आती है

एक चिड़िया-सी तन के पिंजरे में
बिन धमाके भी फड़फड़ाती है

रोज़ दरवाज़े पर कोई आहट
दस्तकें दे के लौट जाती है

तीरगी में ये किस इशारे पर
एक बिजली-सी कौंध जाती है

वो जो लड़ते थे धूप की ख़ातिर
धूप अब उन पे तमतमाती है

बेसबब इल्म की नुमाइश में
कुछ तो दस्तार खुल ही जाती है

अँधेरे ही अगर मन में रहेंगे

अँधेरे ही अगर मन में रहेंगे
तो दीपक भी न तुम पर ध्यान देंगे

अँधेरे दृष्टि बन जाएँगे इक दिन
अगर पलकों पे हम ढोते रहेंगे

अँधेरे हैं अँधेरों की ज़रूरत
अँधेरों को उजाले तो खलेंगे

उजालों को तो आना ही है इक दिन
उजाले इस तरह कब तक टलेंगे

बपौती हैं किसी की क्या उजाले?
यहीं के हैं यहीं देने पड़ेंगे

वही कह तू जो तेरा क़ाइदा है
जो कहना है हमें हम वो कहेंगे

उजाले धर्म से हटते नहीं हैं
ये कालिख पर भी उजियारा मलेंगे

फ़लक पर तो उजाले हो गये 'द्विज'
निगाहों के अँधेरे कब छटेंगे?

तारीकियों में शम्अ जलाने नहीं आते

तारीकियों में शम्अ जलाने नहीं आते
ख़्वाबों में भी अब ख़्वाब सुहाने नहीं आते

हम दिल से दुआ माँगते हैं अपने ख़ुदा से
हमको दुआ में हाथ उठाने नहीं आते

तुम इश्क़ की मंज़िल का पता पूछ रहे हो!
इस राह पे तो ठौर-ठिकाने नहीं आते

तुम जिनकी बदौलत अभी फल-फूल रहे हो
सब को वही सिक्के तो भुनाने नहीं आते

फिर याद दिलाने लगी तस्वीर पुरानी
बीते हुए लम्हे वो सुहाने नहीं आते

अल्फ़ाज़ की जादूगरी हो तुझ को मुबारक़
मोती हमें बेवज्ह लुटाने नहीं आते

ऐ हसरत-ए-दिल! हम नहीं कुछ तेरे लिए, जा
हमको भी तेरे नाज़ उठाने नहीं आते

कहाँ पहुँचे सुहाने मंज़रों तक

कहाँ पहुँचे सुहाने मंज़रों तक
वो जिनका ध्यान था टूटे परों तक

जिन्हें हर हाल में सच बोलना है
पहुँचना है उन्हीं को कटघरों तक

लकीरों को बताकर साँप अक्सर
धकेला उसने हमको अजगरों तक

नज़र-अंदाज़ चिंगारी हुई थी
सुलगकर आग फैली जब घरों तक

ये कौन आया हमारी गुफ़्तगू में
दिलों की बात पहुँची नश्तरों तक

निशां तहज़ीब के मिलते यक़ीनन
कोई आता अगर इन खण्डरों तक

ठहरना था किनारों को जहाँ थे
नदी को भागना था सागरों तक

बचीं तो कल्पनाओं-सी उड़ेंगी
हमारी बेटियाँ भी अम्बरों तक

ज़रा झाँक कर ख़ुद से बाहर तो देखो

ज़रा झाँक कर ख़ुद से बाहर तो देखो
इस 'अंदर' को 'बाहर' बना कर तो देखो

ज़माना करे दोस्ती कैसे तुमसे
ज़रा अपने हाथों का ख़ंजर तो देखो

बग़ावत की जुरअत के बाक़ी निशां हैं
परिंदों के तुम ये कटे 'पर' तो देखो

बचाया भला कैसे ईमान उसने
सँभाला है कैसे ये ज़ेवर तो देखो!

उदासी भी कहने लगी अब क़लम से
'कभी तुम कोई शोख़ मंज़र तो देखो'

जो परचम लिए अम्न का उड़ रहे थे
कहाँ गुम हुए वो कबूतर तो देखो

चले हो हक़ीक़त बयाँ करने 'द्विज'! तुम
ये चेहरे पे अपने पुता डर तो देखो

धुएँ को भी बादल जो बतला रहे हैं

धुएँ को भी बादल जो बतला रहे हैं
ये हैं कौन और किसको भरमा रहे हैं

सवाल उठ रहे हैं जो सूरत पे उनकी
हमें आइना अब वो दिखला रहे हैं

वो सुलझाएँगे गुत्थियाँ क्यूँ हमारी
हमें ही जो आपस में उलझा रहे हैं

ग़ज़ब है कि सब छीन कर हक़ हमारे
हमीं को फ़राएज़ वो समझा रहे हैं

गुनाहों का उनके न हो ज़िक्र जिसमें
फिर ऐसी वो तारीख़ लिखवा रहे हैं

गला रेत दे आदमी आदमी का
तराने कुछ ऐसे वो सुनवा रहे हैं

कोई बरसता रहा बादलों की भाषा में

कोई बरसता रहा बादलों की भाषा में
कोई भटकता रहा मरुथलों की भाषा में

सवाल गुम हुए कोलाहलों की भाषा में
मिले जवाब सभी अटकलों की भाषा में

बहकनी ही थीं सदी की दिशाएँ हमसफ़रो!
नये मुहावरे हैं मनचलों की भाषा में

पढ़ो तो कैसे कटे खेत शहर की ख़ातिर
तमाम दर्द लिखे हैं हलों की भाषा में

बँधे हुए हैं अभी तक बँधे हुए थे जो
रिहाई शब्द नहीं साँकलों की भाषा में

सवाल हैं मेरे इंसानियत से वाबस्ता
जवाब दीजिए मत जंगलों की भाषा में

समझ न उनकी किसी रास्ते पे आ पाई
उलझ के रह गये जो दलदलों की भाषा में

ग़ज़ल हमारी हो कैसे ज़ुबान पर उनकी
जो चाहते हैं ग़ज़ल पायलों की भाषा में

'द्विज'! आज उसको उड़ानों की नग़मगी दे दे
जो बात करता है बस पैदलों की भाषा में

❑❑❑